BACKEN
für festliche Stunden

Genehmigte Lizenzausgabe für Weltbild
Verlag GmbH, Augsburg, 1991

Mit Fotos von Arnold Zabert, Walter Cimbal,
Gabriele Bohle, Jo van den Berg,
Julia Carole van den Berg, Gudrun Drews,
Tjaard M. Spiering, Frank Wieder
Einbandgestaltung: Peter Engel, München
Gesamtherstellung: Brepols N.V., Turnhout, Belgien
Printed in Belgium
ISBN 3-89350-194-0

BACKEN für festliche Stunden

Mit Rezepten
von

Johann Lafer • Adolf Andersen
Bernd Heinemann • Willi Tetz
Bertold Siber • Manfred Kurz
Hubert Scheid jun.

Weltbild Verlag

DER INHALT

Creme- und Desserttorten	6- 35
Obst- und leichte Torten	36- 71
Sahnetorten	72-103
Kleingebäck	104-121
Weihnachtsbäckerei	122-169
Pralinen und Petits Fours	170-185
Buffet	186-201
Grundmassen	202-205
Wie Sie Fondant am besten zubereiten	206-207
Was Sie über Kuvertüre wissen sollten	208-209
Womit gewürzt wird	210-211
Womit Profis backen	212-213
Lexikon	214-217
Register	218-219

CREME- UND DESSER

TTORTEN

MANDEL-SCHOKO-MOUSSE-TORTE

Springform: 18 cm Ø

Mandel-Baiser-Böden:

160 g fein gemahlene Mandeln
3 Eiweiß (100 g)
170 g Zucker

Mousse:

160 ml Sahne
90 ml Milch
360 g Halbbitterkuvertüre
40 g Butter
5 Eiweiß (150 g)
3 EL Zucker (45 g)

Garnierung:

6 EL gehackte, geröstete Mandeln (60 g)
2 EL gestiftelte, geröstete Mandeln (20 g)

1. Fein gemahlene Mandeln in einer Pfanne kurz hellbraun rösten. Abkühlen lassen.
2. Eiweiß und Zucker zu festem, aber nicht flockigem Schnee aufschlagen.
3. Die Mandeln vorsichtig unterheben.
4. Die Masse in einen Spritzbeutel mit Lochtülle Nr. 16 füllen.
5. Ein Backblech mit Backpapier belegen und 2 Böden (Durchmesser 18 cm) spiralförmig aufdressieren.
6. Die Böden bei 100 Grad 3 Stunden im Ofen trocknen lassen.
7. Für die Mousse die Sahne und die Milch aufkochen, vom Herd nehmen, gehackte Kuvertüre und Butter darin schmelzen.
8. Das Eiweiß und den Zucker im Wasserbad warm aufschlagen (ca. 40 Grad), herausnehmen und zu cremigem Schnee schlagen.
9. Das Eiweiß vorsichtig mit einem Schneebesen unter die Mousse heben und die Masse etwas anziehen lassen.
10. Einen Baiserboden in einen Springformrand legen. Gegebenenfalls etwas zurechtschneiden.
11. Gut ¾ der Mousse daraufgeben, glattstreichen und etwa 2-3 Stunden kalt stellen.
12. Die Torte mit einem geraden, erhitzten Messer vom Rand lösen, den Springformrand öffnen und vorsichtig abziehen.
13. Den zweiten Boden (ebenfalls zurechtgeschnitten) auflegen, mit der restlichen Mousse einstreichen und mit den Mandeln verzieren. Die Torte noch einmal 1-2 Stunden kühl stellen.

Tip: Zum Servieren die Torte mit einem elektrischen Messer in Stücke teilen oder mit einem scharfen Sägemesser die Baiserböden vorsichtig durchschneiden.

Konditoren sind die besseren Komponisten. Mozart soll dies einmal gesagt haben. Unser Beweis steckt hier auf der Gabel: Eine Ouverture, bei der die Mousse den Ton bestimmt.

RUM-ARRAK-CREMETORTE

Springform: 28 cm Ø

Böden:

220 g Marzipanrohmasse
2 EL Wasser (30 ml)
6 Eigelb (110 g)
1 TL Zimt (2 g)
3 Eiweiß (180 g)
65 g Zucker
50 g Mehl Type 550
60 g Kakaopulver
4 EL Biskuitbrösel (15 g)

Buttercreme:

5 Eier (250 g)
200 g Zucker
1 Prise Salz
500 g Butter
50 g Halbbitterkuvertüre
5 TL Rum (25 ml)
5 TL Arrak (25 ml)

Zum Verzieren:

30-35 Schokoladenblätter

1. Marzipan, Wasser, Eigelb und Zimt schaumig rühren.
2. Eiweiß und Zucker zu cremigem Schnee schlagen.
3. Mehl und Kakao sieben und mit den Biskuitbröseln vermischen.
4. Die Hälfte des Eischnees mit der Marzipan-Eigelbmasse angleichen. Restlichen Eischnee unterheben und das Mehl-Kakao-Bröselgemisch melieren. Hintereinander je ein Drittel der Masse in eine mit Backpapier ausgelegte Springform füllen. Im vorgeheizten Backofen bei 190 Grad 10-12 Minuten backen.
5. Böden abkühlen lassen, das Backpapier abziehen und einen Boden in einen Tortenring einpassen.
6. Aus Eiern, Zucker, Salz und Butter eine Buttercreme herstellen. Unter die eine Hälfte aufgelöste Kuvertüre und Rum rühren, unter die andere Hälfte Arrak. Je 200 g der Buttercreme zum Füllen abnehmen und den Rest mit Folie abgedeckt stehen lassen.
7. Auf den eingepaßten Tortenboden die Arrakbuttercreme geben und glattstreichen. Den zweiten Boden einpassen und darauf die Rumbuttercreme verteilen. Der letzte Boden wird mit der Unterseite nach oben aufgelegt.
8. Torte 1-2 Stunden in den Kühlschrank stellen. Danach mit einem geraden, leicht erhitzten Messer aus dem Ring lösen.
9. Die verbliebenen Buttercremes mit einem Schneebesen glattrühren. Arrakbuttercreme in einen Spritzbeutel mit Lochtülle Nr. 8 füllen; Rumbuttercreme in einen Spritzbeutel mit Lochtülle Nr. 6. Einen Teil der Rumbuttercreme zurücklassen und damit den Rand einstreichen.
10. Abwechselnd gerade Cremelinien auf die Tortenoberfläche dressieren. Die Schokoladenblätter fächerartig an den Tortenrand anlegen. Eventuell einen Tupfer übrigbehaltener Creme unter die Blätter dressieren, damit sie besser haften.

ZIMT-MANDEL-TORTE

Springform: 20 cm Ø

Sandmasse:

130 g Sultaninen
2 TL fein gehackter kandierter Ingwer (20 g)
2 EL Rum (30 ml)
100 g Marzipanrohmasse
7 Eigelb (130 g)
2 EL Rum (30 ml)
2 TL Zimt (4 g)
1 Prise Salz
Mark einer Vanilleschote
7 Eiweiß (240 g)
120 g Zucker
200 g Biskuitbrösel
80 g gemahlene Mandeln
30 g Kakaopulver

Zum Verzieren:

100 g weiße Kuvertüre
50 g Aprikosenkonfitüre

1. Die Sultaninen und den Ingwer in Rum einweichen.
2. Marzipan und Eigelb verkneten. Rum, Zimt, Salz und Vanillemark zufügen und alles schaumig rühren.
3. Eiweiß und Zucker zu cremigem Schnee aufschlagen. Ein Viertel davon unter die Marzipanmasse melieren. Den restlichen Eischnee unterheben.
4. Die Biskuitbrösel mit den Mandeln sowie dem Kakao mischen und untermengen. Danach vorsichtig die eingeweichten Früchten untermelieren.
5. Die Masse in eine gefettete Springform füllen und im vorgeheizten Ofen bei 160 Grad ca. 70 Minuten backen.
6. Die Torte auf ein Kuchengitter stürzen und auskühlen lassen.
7. Die Kuvertüre auflösen und dünn auf eine große rechteckige Platte streichen. Bei Zimmertemperatur fast fest, aber nicht hart werden lassen. Dann die Kuvertüre mit einem Metallspachtel schnell und ruckartig von der Platte schieben.
8. Die Torte aprikotieren und mit Kuvertürespänen verzieren.

SPANISCHE VANILLETORTE

Springform: 26 cm Ø

Marzipan-Sandmasse:

100 g Butter
325 g Marzipanrohmasse
8 Eigelb (140 g)
Mark einer Vanilleschote
1 Prise Salz
8 Eiweiß (250 g)
130 g Zucker
130 g Mehl Type 550

Füllung:

180 g gehackte Halbbitterkuvertüre

Zum Verzieren:

50 g Aprikosenkonfitüre
100 g Vollmilchkuvertüre

1. Die Butter vorsichtig schmelzen und etwas abkühlen lassen.
2. Die Marzipanrohmasse mit dem Eigelb verkneten. Vanillemark und Salz zufügen und alles schaumig rühren.
3. Eiweiß und Zucker zu cremigem Schnee aufschlagen.
4. Ein Drittel davon mit der Marzipanmasse angleichen.
5. Den restlichen Eischnee melieren.
6. Das gesiebte Mehl und anschließend die flüssige Butter vorsichtig untermelieren.
7. Ein Drittel der Masse in eine gefettete Springform geben und 90 g Halbbitterkuvertüre darauf verteilen. Ein zweites Drittel der Masse einfüllen, glattstreichen und nochmals 90 g Halbbitterkuvertüre einstreuen. Mit der restlichen Masse bedecken und im vorgeheizten Ofen bei 160 Grad ca. 70-80 Minuten backen.
9. Die fertige Torte in der Springform auskühlen lassen. Erst dann stürzen, aprikotieren und garnieren.
10. Die Vollmilchkuvertüre temperieren und dünn auf eine Platte streichen. Die Kuvertüre fest, aber nicht hart werden lassen. Mit einem Metallspachtel schnell und ruckartig von der Platte schieben und die Torte damit verzieren.

INDISCHE HERRENTORTE

Springform: 26 cm Ø

Für die Form:

50 g gehackte Haselnüsse zum Ausstreuen

Marzipan-Kakao-Sandmasse:

100 g Butter
200 g Marzipanrohmasse
8 Eigelb (150 g)
1 gestr. TL Zimt (2 g)
1 Prise Salz
60 g Mehl
60 g Kakaopulver
7 Eiweiß (230 g)
180 g Zucker
230 g fein gehackter kandierter Ingwer

1. Eine Springform fetten und mit gehackten Nüssen ausstreuen.
2. Die Butter für den Teig schmelzen.
3. Marzipanrohmasse, Eigelb, Zimt und Salz schaumig rühren. Mehl und Kakao mischen und durchsieben.
4. Eiweiß und Zucker zu cremigem Schnee aufschlagen. Ein Drittel davon mit der schaumigen Marzipanmasse angleichen. Den restlichen Eischnee zusammen mit dem Mehl-Kakaogemisch untermelieren. Zum Schluß mit flüssiger Butter und Ingwer vorsichtig melieren (s. S. 204/205).
5. Die Masse in die Springform füllen und im vorgeheizten Ofen bei 160 Grad ca. 60 Minuten backen.
6. In der Form abkühlen lassen und erst dann stürzen.

Tip: Die Torte schmeckt am besten, wenn sie am Vortag gebacken wurde, dann haben sich die Aromastoffe zu einem homogenen Geschmack verbunden.

VENEZIANISCHE NUSS-NOUGATTORTE

Springform: 26 cm Ø

Biskuitmasse:

8 Eigelb (140 g)
50 g Zucker
Mark einer Vanilleschote
2 Prisen Salz
6 Eiweiß (190 g)
140 g Zucker
400 g gemahlene Haselnüsse

Zum Verzieren:

60 g Vollmilchkuvertüre

Zum Überziehen:

150 g Haselnußnougat, dunkel

1. Eine Springform fetten und ausmehlen.
2. Eigelb, Zucker, Vanillemark und Salz schaumig rühren.
3. Eiweiß und Zucker zu cremigem Schnee aufschlagen. Ein Drittel davon zu der Eigelbmasse geben und angleichen. Den restlichen Eischnee zusammen mit den Nüssen vorsichtig melieren.
4. Die Masse in die Springform füllen und im vorgeheizten Ofen bei 160 Grad ca. 50-60 Minuten backen. Die Torte stürzen, aber noch in der Form auskühlen lassen.
5. Die Kuvertüre auflösen und dünn auf eine rechteckige Platte streichen. Bei Zimmertemperatur fest, aber nicht hart werden lassen. Dann mit einem Metallspachtel schnell und ruckartig von der Platte schieben.
6. Nougat für die Glasur temperieren und die Torte damit überziehen. Bevor der Überzug fest wird, die Tortenoberfläche mit einem Kammhorn in Wellenlinien profilieren und den Rand mit Kuvertürespänen verzieren.

BRAUNSCHWEIGER BAUMKUCHENTORTE

Springform: 26 cm Ø

Baumkuchenmasse:

9 Eigelb (160 g)
Mark einer Vanilleschote
½ TL Salz (2,5 g)
9 Eiweiß (300 g)
180 g Zucker
160 g Butter
70 g Sahne
80 g Mehl Type 550
80 g Weizenstärkemehl

Füllung:

80 g Nußpan (s. S.202)

Zum Bestreichen:

300 g Nußnougat, dunkel

Zum Verzieren:

40 g gehackte Mandeln

1. Eigelb, Vanillemark und Salz schaumig rühren.
2. Eiweiß und Zucker zu cremigem Schnee aufschlagen.
3. Butter zerlassen.
4. Sahne steif schlagen.
5. Mehl und Weizenstärkemehl mischen und sieben.
6. Die Eigelbmasse unter den Eischnee melieren, dabei das Mehl-Stärkegemisch vorsichtig zugeben.
7. Die flüssige, abgekühlte Butter unterziehen.
8. Zum Schluß die Sahne unterheben.
9. Den Springformboden mit Backpapier auslegen.

Schicht für Schicht ist dem Prinzregenten Luitpold von Bayern einst ein süßes Denkmal gesetzt worden. Seitdem wurden die quergestreiften Kuchen und Torten vielfach variiert – bis hin zu diesem Meisterwerk gebackener Eleganz. Und das ist schon wieder geschichtswürdig.

10. Mit einer Winkelpalette eine dünne Teigschicht auf den Springformboden auftragen.
11. Die Teigschicht unter dem Grill hellbraun backen.
12. Die zweite Teigschicht auf die gebackene Schicht streichen und die Form wieder unter den Grill schieben.
13. Diesen Vorgang viermal wiederholen; die Hälfte der Füllung aufstreichen, dann drei weitere Schichten darauf backen.
14. Den Rest Füllung verteilen und die Teigmasse Schicht für Schicht weiterverarbeiten.
15. Den fertigen Kuchen mit einem Messer vorsichtig vom Rand lösen.
16. Auf ein Kuchengitter stürzen und mit Folie abdecken.
17. Am nächsten Tag das Backpapier abziehen.
18. Nougat temperieren (ca. 28 Grad) und die Torte damit bestreichen.
19. Die gehackten Mandeln am unteren Rand 1 cm hoch andrücken.

SACHERTORTE 1

Springform: 26 cm Ø

Sacherboden:

80 g Butter
5 Eigelb (90 g)
40 g Marzipanrohmasse
2 EL Zucker (30 g)
1 Prise Salz
5 Eiweiß (160 g)
70 g Zucker
1 EL Weizenstärkemehl (9 g)
50 g Mehl
40 g Kakaopulver
40 g gemahlener Krokant
40 g Kuchenbrösel

Füllung 1:

100 g Johannisbeerkonfitüre

Füllung 2:

15 g Halbbitterkuvertüre
100 g Butter
50 g Puderzucker
1 Ei (57 g)

Zum Eindecken:

150 g Marzipanrohmasse
3 EL Puderzucker (30 g)

Zum Überziehen:

200 g Halbbitterkuvertüre

1. Butter schmelzen und abkühlen lassen.
2. Eigelb, Marzipanrohmasse, Zucker und Salz schaumig rühren.
3. Eiweiß und Zucker anschlagen, Weizenstärkemehl zugeben und zu festem Schnee weiterschlagen. Ein Drittel davon zu der Eigelbmasse geben und angleichen. Gesiebtes Mehl, Kakao, Krokant und Kuchenbrösel mischen. Zusammen mit dem restlichen Eischnee unterheben. Zum Schluß die flüssige Butter untermelieren.
4. Die Masse in einer gefetteten Springform im vorgeheizten Ofen bei 170 Grad 25-30 Minuten backen.
5. Den ausgekühlten Boden zweimal durchschneiden. Das untere Drittel in einen Tortenring einpassen und mit der Konfitüre bestreichen. Den zweiten Boden auflegen.
6. Für die Creme die Kuvertüre auflösen. Butter schaumig rühren. Puderzucker und Ei im Wasserbad warm aufschlagen. Herausnehmen und weiterschlagen. Buttermasse mit der Eimasse angleichen und melieren. Nach und nach Kuvertüre unterrühren. 4/5 der Creme glatt auf dem Boden verstreichen. Den letzten Boden mit der Schnittfläche nach oben einlegen, die restliche Creme aufstreichen und die Torte 1 Stunde kühl stellen.
7. Die Sachertorte aus dem Ring lösen. Marzipanrohmasse mit Puderzucker verkneten, ausrollen und die Torte damit eindecken.
8. Die Kuvertüre schmelzen und die Torte damit überziehen.

SACHERTORTE 2

Springform: 26 cm Ø

Sacherboden:

280 g Butter
80 g Zucker
1 Prise Salz
Mark einer Vanilleschote
350 g Halbbitterkuvertüre
8 Eigelb (140 g)
5 Eiweiß (180 g)
160 g Zucker
140 g Mehl

Spritzschokolade zum Überziehen:

100 g Vollmilchkuvertüre
1 EL dünnflüssiger Honig (20 g)
4 EL Kondensmilch (72 ml)

1. Butter, Zucker, Salz und das Vanillemark schaumig rühren.
2. Die Kuvertüre auflösen.
3. Eigelb und die abgekühlte Kuvertüre unter die Buttermasse rühren.
4. Eiweiß und Zucker zu cremigem Schnee aufschlagen; ein Drittel davon zu der Buttermasse geben und angleichen. Den restlichen Eischnee zusammen mit dem gesiebten Mehl kräftig melieren.
5. Die Masse in eine gefettete Springform füllen und im vorgeheizten Ofen bei 170 Grad ca. 75 Minuten backen. In der Form auskühlen lassen, stürzen und über Nacht abgedeckt stehen lassen.
6. Oberseite begradigen.
7. Für die Spritzschokolade zum Überziehen die Vollmilchkuvertüre temperieren, den leicht erwärmten Honig und die Kondensmilch (Zimmertemperatur) zugeben und zu einer glatten Masse verrühren. Spritzschokolade auf die Torte gießen und mit einer Palette gleichmäßig verteilen.
8. Die bei der Begradigung des Bodens angefallenen Kuchenreste durch ein grobes Sieb geben und an den Tortenrand drücken.

SACHERTORTE 3

Springform: 26 cm Ø

Sacherboden:

160 g Halbbitterkuvertüre
160 g Butter
40 g Zucker
1 Prise Salz
Mark einer ½ Vanilleschote
6 Eigelb (100 g)
5 Eiweiß (180 g)
120 g Zucker
160 g Mehl Type 550

Spritzschokolade zum Überziehen:

100 g Halbbitterkuvertüre
1 EL dünnflüssiger Honig (20 g)
4 EL Kondensmilch (72 ml)

1. Den Boden einer Springform mit Backpapier auslegen.
2. Die Kuvertüre auflösen.
3. Butter, Zucker, Salz und Vanillemark schaumig rühren.
4. Eigelb und die leicht abgekühlte Kuvertüre nach und nach unterrühren.
5. Eiweiß und Zucker zu cremigem Schnee aufschlagen. Ein Drittel davon zur Buttermasse geben und angleichen.
6. Den restlichen Eischnee zusammen mit dem gesiebten Mehl untermelieren.
7. Die Masse in die Springform füllen und im vorgeheizten Ofen bei 170 Grad ca. 50 Minuten backen.
8. Nach dem Backen die Torte auf ein mit Backpapier belegtes Blech stürzen.
9. Die Kuvertüre temperieren, mit Honig und Kondensmilch verrühren und die Torte damit überziehen. Danach sofort in Stücke teilen.

Tip: Als Garnierung etwas weiße Kuvertüre temperieren, in eine gedrehte Pergamentspritztüte füllen und jedes Stück mit einem "S" verzieren.

SACHERTORTE 4

Springform: 26 cm Ø

Sacherboden:

165 g Halbbitterkuvertüre
110 g Mehl Type 550
4 EL Puderzucker (40 g)
165 g Butter
8 Eigelb (140 g)
7 Eiweiß (220 g)
130 g Zucker
3 EL gehackte Mandeln (30 g)

Füllung:

100 g Aprikosenkonfitüre

Vollmilch-spritzschokolade zum Überziehen:

100 g Vollmilchkuvertüre
1 EL dünnflüssiger Honig (20 g)
4 EL Kondensmilch (72 ml)

1. Kuvertüre im Wasserbad auflösen. Mehl und Puderzucker getrennt sieben.
2. Wachsweiche Butter und Eigelb schaumig schlagen. Nach und nach Puderzucker einrieseln lassen. Kuvertüre vorsichtig melieren.
3. Eiweiß und Zucker zu cremigem Schnee aufschlagen. Ein Drittel davon zu der Buttermasse geben und angleichen. Den restlichen Eischnee zusammen mit Mehl und Mandeln unterheben.
4. Die Masse in eine gefettete Springform füllen und im vorgeheizten Ofen bei 170 Grad ca. 90 Minuten backen. In der Form auskühlen lassen.
5. Boden aus der Form lösen und die Oberseite begradigen. Boden in der Mitte durchschneiden. Die untere Hälfte mit Aprikosenkonfitüre bestreichen und den oberen Boden wieder aufsetzen.
6. Für die Spritzschokolade die Kuvertüre temperieren, mit leicht erwärmtem Honig und Kondensmilch (Zimmertemperatur) verrühren und die Torte damit überziehen.
7. Die bei der Begradigung des Bodens angefallenen und durch ein Sieb gedrückten Sacherbodenreste an den Tortenrand drücken.

MONTEGO-ROULADE

IN 3 VARIATIONEN

Biskuitmasse:

50 g Mehl Type 550
40 g Kakaopulver
50 g Halbbitterkuvertüre
6 Eiweiß (210 g)
175 g Zucker

1. Mehl und Kakao mischen und sieben.
2. Die Kuvertüre auflösen.
3. Das Eiweiß im Wasserbad lauwarm anschlagen, herausnehmen und weiterschlagen. Dabei den Zucker einrieseln lassen.
4. Die Kuvertüre unter das Eiweiß melieren; danach das Mehl-Kakaogemisch unterheben. Die Masse auf einem mit Backpapier ausgelegten Blech verstreichen (ca. 25 x 30 cm).
5. Im vorgeheizten Ofen bei 160 Grad 14-17 Minuten backen.
6. Die Biskuitplatte auf ein mit Zucker bestreutes Küchentuch stürzen. Das Backpapier mit kaltem Wasser einpinseln und vorsichtig abziehen. Die Roulade mit dem Küchentuch aufrollen und auskühlen lassen. Die erkaltete Roulade abrollen und füllen. In ca. 4-5 cm dicke schräge Scheiben schneiden und servieren.
Ergibt ca. 6 Scheiben.

SCHWARZWÄLDER KIRSCH-BUTTERCREME

500 g Buttercreme (s. S.202)
3 EL Kirschwasser (45 ml)
150 g Kirschkonfitüre mit ganzen Kirschen

1. Die Buttercreme mit dem Kirschwasser verrühren und gut durchkühlen lassen.
2. Die Montego-Roulade mit der Kirschkonfitüre bestreichen.
3. Die Buttercreme darauf verteilen und die Roulade aufrollen.

SCHOKO-BUTTERCREME

70 g Halbbitterkuvertüre
500 g Buttercreme (s. S.202)
60 ml Rum

1. Die Kuvertüre auflösen und unter die Buttercreme heben; danach den Rum einrühren. Kalt stellen.
2. Anschließend die Creme auf der Rouladenkapsel verteilen und diese aufrollen.

MANGO-BUTTERCREME

2 nicht zu reife Mangos
500 g Buttercreme (s. S.202)

1. Eine Mango schälen, vom Kern befreien, pürieren und durch ein nicht zu feines Sieb streichen. Das Püree mit der Buttercreme verrühren und gut durchkühlen lassen.
2. Die zweite Mango schälen, in sehr dünne Streifen schneiden und auf der Biskuitplatte verteilen. Darauf die Buttercreme streichen und die Montego-Roulade aufrollen.

CARACAS-TORTE

Manche Künstler, und da besonders die bildenden, stellen ihre Werke als "Objekte" aus. Aber die sind ja auch zum Anschauen gedacht. Dieses Objekt hier kennt keine Berührungsängste. Da vereinen sich unter der Marzipandecke Krokant und Kuchenbrösel, Eierschaum und Vanillemark zur Vernissage im Backofen.

Springform: 26 cm Ø

Caracasböden:

60 g Butter
60 g Mehl Type 550
60 g Krokant
60 g Kuchenbrösel
7 Eigelb (125 g)
70 g Marzipanrohmasse
40 g Zucker
1 Prise Salz
7 Eiweiß (250 g)
150 g Zucker

Buttercreme:

300 g Butter
120 g Zucker
Mark einer Vanilleschote
3 Eier (150 g)
4 EL Grand Marnier (60 ml)

Marzipandecke:

220 g Marzipanrohmasse
80 g Puderzucker

Spritzschokolade zum Überziehen:

100 g Halbbitterkuvertüre
1 EL dünnflüssiger Honig (20 g)
4 EL Kondensmilch (72 ml)

1. Die Butter vorsichtig schmelzen.
2. Das gesiebte Mehl mit Krokant und Kuchenbröseln mischen.
3. Eigelb, Marzipanrohmasse, Zucker und Salz schaumig rühren.
4. Eiweiß und Zucker zu cremigem Schnee aufschlagen. Ein Drittel davon unter die Eigelbmasse heben und angleichen.
5. Den restlichen Schnee zusammen mit dem Mehlgemisch untermelieren.
6. Vorsichtig die Butter unterheben. Langes Rühren vermeiden.
7. Aus der fertigen Masse vier Böden backen. Dafür jeweils ein Viertel der Masse in einer mit Backpapier ausgelegten Springform verstreichen und im vorgeheizten Ofen bei 170 Grad ca. 12-15 Minuten backen.
8. Die fertigen Böden auf ein Kuchengitter stürzen. Auskühlen lassen und vorsichtig das Backpapier abziehen.
9. Für die Creme die lauwarme Butter mit 60 g des Zuckers und dem Vanillemark schaumig rühren.
10. Die Eier im warmen Wasserbad schaumig schlagen, bis die Masse Körpertemperatur erreicht hat. Herausnehmen und weiter schaumig schlagen, dabei den restlichen Zucker einrieseln lassen.
11. Ein Drittel der Eimasse unter die schaumige Butter mengen und angleichen. Den Rest der Eimasse kräftig untermelieren.
12. 250 g der Buttercreme abnehmen und mit dem Likör verrühren.
13. Den ersten abgekühlten Boden in einen Tortenring einpassen und ein Drittel der Grand-Marnier-Buttercreme darauf verstreichen. Mit dem 2. und 3. Boden ebenso verfahren. Der 4. Boden wird mit der geraden Unterseite nach oben auf die letzte Cremeschicht gelegt.
14. Den Tortenring mit einem geraden Messer lösen und abheben. Oberseite und Rand der Torte mit der restlichen Creme einstreichen.
15. Für die Marzipandekke die Marzipanrohmasse mit dem Puderzucker verkneten und zwischen Folie ausrollen. Die Marzipandecke soll ca. 1 mm dick und etwa 5-6 cm größer als die Torte sein. Den Marzipanmantel vorsichtig auf die Torte stürzen und rundum andrücken. Am unteren Tortenrand glatt abschneiden.
16. Für die Spritzschokolade die Kuvertüre temperieren. Den leicht erwärmten Honig und die Kondensmilch (Zimmertemperatur) zugeben und alles zu einer glatten Masse verrühren.
17. Die Spritzschokolade (S. 18) bereiten, auf die Torte gießen und mit einer Palette gleichmäßig verteilen.
18. Die Torte wird später mit einem angewärmten langen Messer angeschnitten.

TRÜFFEL-LUKULL-CREMETORTE

Trüffelmasse:

300 ml Sahne
100 g Zucker
150 g Butter
200 g Halbbitterkuvertüre
50 ml Weinbrand

Boden:

einen Sacherboden mit 26 cm Ø (s. Sachertorte 1 S.17)

Buttercreme:

300 g Buttercreme (s. S.202)

Spritzschokolade zum Verzieren:

50 g Vollmilchkuvertüre
1 TL dünnflüssiger Honig (6 g)
1 EL Kondensmilch (18 ml)

Zum Verzieren:

geröstete, gehobelte Mandeln

1. Für die Trüffelmasse am Vortag die Sahne mit dem Zucker aufkochen; die Butter darin schmelzen und alles auf ca. 60 Grad erkalten lassen. Die Kuvertüre grob hacken, in die Sahne geben und rühren, bis sie völlig geschmolzen ist. Den Weinbrand untermengen und die Masse kalt stellen.
2. Einen Sacherboden 1 herstellen (s. S.17), in der Mitte quer durchschneiden und eine Hälfte in einen Tortenring einpassen.
3. Die Buttercreme in einen Spritzbeutel füllen und mit einer großen Lochtülle drei Kreise um den Mittelpunkt des Bodens dressieren. Kalt stellen.

4. Die erkaltete Trüffelmasse vorsichtig aufschlagen, in den Tortenring füllen und mit einer Winkelpalette oder Teigkarte glattstreichen. Um der Trüffelmasse Stand zu geben, muß die Torte für 3-4 Stunden durchkühlen.

5. Danach den Tortenring mit einem erhitzten geraden Messer lösen und abheben. Eventuell den Tortenrand mit einer erwärmten Palette glätten.

6. Für die Spritzschokolade wird die Kuvertüre im Wasserbad aufgelöst. Den leicht erwärmten Honig und die Kondensmilch (Zimmertemperatur) zugeben und alles zu einer glatten Masse verrühren. Die Menge der Kondensmilch ist variabel. Hauptsache ist, daß die Spritzschokolade nicht zu flüssig wird.

7. Die Masse in eine Pergamentspritztüte füllen, eine winzige Spitze abschneiden und ein feinmaschiges Gitter auf die Torte dressieren.

8. Nach Belieben können mit einem kleinen Messer Splitter von gerösteten, gehobelten Mandeln an den oberen Rand der Torte angelegt werden.

Tip: Die zweite Hälfte des Sacherbodens kann man einfrieren und für eine andere Gelegenheit aufbewahren. Er kann auch zu Kuchenbröseln verarbeitet werden, die für viele Rezepte nötig sind, oder er wird der Boden einer Torte nach eigener Kreation.

VANILLESCHNITTE

Für 20 Stück

Blätterteigböden:

375 g Süßrahmbutter
375 g Mehl Type 550
200 ml Wasser
1 Prise Salz

Vanillecreme:

800 ml Milch
300 ml Sahne
160 g Zucker
1 Prise Salz
1½ Vanilleschoten
200 ml Milch
80 g Weizenstärkemehl
4 Eigelb (80 g)

Glasur:

50 g Aprikosenkonfitüre
70 g Fondant
1 EL Butter (10 g)
etwas Wasser oder Rum

1. Zutaten für die Blätterteigböden vermengen, in drei Teile teilen und daraus drei Blätterteigböden herstellen (s. S.203).
2. Die drei gleich großen Teige auf 32 x 26 cm ausrollen, auf Backpapier legen und ca. 2-3 Stunden kühl ruhen lassen.
3. Die Böden auf dem Blech im vorgeheizten Ofen bei 240 Grad 5 Minuten anbacken. Danach den Ofen auf 190 Grad herunterschalten und die Böden solange backen, bis sie eine schöne braune Farbe erhalten.
4. Milch, Sahne, Zucker, Salz und die aufgeschnittene Vanillestange aufkochen.
5. Wenn die Milch ca. 60-70 Grad erreicht hat, die Vanilleschoten herausnehmen, das Mark herausschaben und zurück in die Milch geben.
6. Milch, Stärkemehl und Eigelb glattrühren und in die Milch geben. Sofort mit einem Schneebesen verrühren, den Topf dabei von der Herdplatte nehmen.
7. Unter Rühren die Creme noch einmal erhitzen und zur Rose abziehen.
8. Die fertigen Böden auf 24 x 30 cm zurechtschneiden. Um den ersten Boden einen Metallrahmen stellen und die Hälfte der noch heißen Creme darauf verstreichen.
9. Wenn die Creme erkaltet ist, den zweiten Boden auflegen und leicht, aber gleichmäßig andrücken. Restliche Creme darauf verteilen.
10. Sobald die Creme erkaltet ist, den dritten Boden, mit der Unterseite nach oben, auflegen.
11. Die Aprikosenkonfitüre aufkochen und mit einem Pinsel den oberen Blätterteig damit bestreichen.
½ Stunde erhärten lassen. Für die Glasur Fondant und Butter erwärmen, mit Wasser oder Rum streichfähig verdünnen und mit einer Winkelpalette auf der Vanilleschnitte verteilen. Erkalten lassen.
12. Mit einem geraden, feuchten Messer die Schnitte aus dem Rahmen lösen und mit einem großen Sägemesser in 20 gleich große Stücke schneiden.

Tip: Für dieses Rezept können Sie auch fertigen, tiefgekühlten Blätterteig verwenden.

SENATORENTORTE

Springform: 26 cm Ø

Canachecreme:

300 ml Sahne
100 g Butter
200 g Zucker
2 Eigelb (40 g)
200 g gehackte Halbbitterkuvertüre
70 ml frisch gepreßter Zitronensaft

Caracasboden:

3 EL Butter (30 g)
3 EL Mehl Type 550 (30 g)
30 g Krokant
30 g Kuchenbrösel
3 Eigelb (60 g)
35 g Marzipanrohmasse
4 TL Zucker (20 g)
1 Prise Salz
4 Eiweiß (125 g)
75 g Zucker

Zum Einlegen:

1 rundes Stück Sacherboden von 7 cm Durchmesser und knapp 4 cm Höhe (s. S.17, Sachertorte 2)
300 g Baumkuchenstücke

Zum Eindecken:

150 g Marzipanrohmasse
3 EL Puderzucker (30 g)

Zum Bestreichen des Bodens:

75 g Halbbitterkuvertüre

Zum Überziehen:

225 g Vollmilchkuvertüre

Zum Verzieren:

1 Ei (57 g)
50 g Puderzucker
100 g Butter
15 g Halbbitterkuvertüre
16 Mandelblättchen

Ein Dialog in C-Dur. Die Canachecreme braucht, wenn sie sich zur vollen Höhe ihres besonderen Wohlgeschmacks aufschwingen soll, ein Sprungbrett. Zum Beispiel ein mit Marzipan und Krokant verfeinertes – den Caracasboden. Das Ergebnis dieser glücklichen Liaison ist den Volksvertretern gewidmet.

1. Für die Canachecreme am Vortag Sahne, Butter und Zucker aufkochen. Eigelb mit einem Teil davon angleichen, zurück in die Masse geben und alles zur Rose abziehen. Die gehackte Kuvertüre in der Creme auflösen. Zum Schluß den Zitronensaft unterrühren, kalt stellen.
2. Die Butter schmelzen und abkühlen lassen.
3. Mehl sieben und mit Krokant und Kuchenbröseln mischen.
4. Eigelb, Marzipanrohmasse, Zucker und Salz schaumig rühren.
5. Eiweiß und Zucker zu cremigem Schnee aufschlagen. Ein Drittel davon unter die Eigelbmasse heben und angleichen; danach den Rest der Eigelbmasse und das Mehl-Krokant-Bröselgemisch untermelieren. Die Butter vorsichtig unterheben. Nicht lange rühren!
6. Die Masse in eine Springform füllen und im vorgeheizten Ofen bei 170 Grad 12-15 Minuten backen; auf ein Kuchengitter stürzen und auskühlen lassen.
7. Den Caracasboden in einen Tortenring einpassen.
Die Canachecreme mit der Küchenmaschine aufschlagen. Ein Viertel davon auf den Caracasboden streichen. Das Stück Sacherboden in die Mitte der Torte legen. Die Baumkuchenstücke kreisförmig darumlegen (Abstand zum äußeren Rand: 2-3 cm). Den Tortenring mit der restlichen Creme auffüllen. Die Torte mehrmals anheben und auftippen lassen, so bleiben keine Freiräume zwischen den eingelegten Stücken. Nun die Oberfläche glattstreichen und die Torte für 2-3 Stunden in den Kühlschrank stellen.
8. Den Tortenring lösen. Marzipan mit Puderzucker verkneten, ausrollen und die Torte damit eindecken.
9. Die Torte auf eine Tortenscheibe stürzen und ihre Unterseite mit aufgelöster Halbbitterkuvertüre einstreichen. Ist die Kuvertüre angezogen, die Torte auf ein Kuchengitter stürzen und ein Stück Folie unterlegen.
10. Die Vollmilchkuvertüre temperieren und die Senatorentorte damit überziehen.
11. Wenn die Kuvertüre anzieht, die Torte auf eine Tortenplatte setzen und mit einem erhitzten Messer in 16 Stücke teilen. Dabei das Messer für jeden Schnitt säubern und neu erwärmen.
12. Zum Verzieren das Ei mit Puderzucker im warmen Wasserbad aufschlagen. Herausnehmen und weiterschlagen. Dann die Butter schaumig rühren, mit der Eimasse angleichen und melieren. Die Kuvertüre auflösen und unterziehen. Die Creme in einen Spritzbeutel mit Sterntülle füllen und auf jedes Tortenstück einen Tupfer dressieren. In jeden Tupfer ein Mandelblättchen stecken.

FLACHER ZITRONENKUCHEN

Die Verführung – die Seele der Süße – gelingt doch immer wieder. Wie der paradiesische Apfel gezeigt hat, genügen dazu oft einfache Mittel. Allerdings: Raffinesse muß sein. Hier ist es die Zitronencreme, die den Mürbeteigboden angelockt und ausgefüllt hat.

Springform: 28 cm Ø

Mürbeteig:

200 g Mehl Type 550
150 g Butter
80 g Zucker
1 Prise Salz
1 Ei (75 g)

Füllung:

3 Eier (170 g)
150 g Zucker
abgeriebene Schale von 2 unbehandelten Zitronen
Saft von 2 Zitronen
150 g Süßrahmbutter

1. Das Mehl, die kalte Butter (in Flöckchen), den Zucker und das Salz schnell zu einem Teig verkneten.
2. Danach das Ei einarbeiten.
3. Den Teig zu einer Kugel formen und 45 Minuten kalt stellen.
4. Den Teig durchwalken und nochmals 30 Minuten kalt stellen.
5. Den Springformboden einfetten, den Teig 2 mm dünn darauf ausrollen. Überstehenden Teigrand glatt abschneiden.
6. Den Springformrand um den Boden legen und bis zu 2 cm Höhe einfetten.
7. Aus dem restlichen Teig eine Rolle formen, in die Form legen und zu einem 2 cm hohen Rand andrükken.
8. Für die Füllung die Eier mit dem Zucker gut verrühren, Zitronenschale hinzufügen.
9. Zitronensaft durch ein feines Sieb geben und zu der Creme gießen.
10. Die Butter vorsichtig schmelzen und lauwarm in die Creme einrühren.
11. Die flüssige Masse auf den Teig geben.
12. Im vorgeheizten Backofen bei 175 Grad ca. 30-35 Minuten backen.
13. Damit der Kuchen nicht zu dunkel wird, eventuell vor Beendigung der Backzeit mit Alufolie abdecken.

Tip: Unbedingt Süßrahmbutter verwenden, Sauerrahmbutter flockt bei der Verarbeitung mit Zitronensaft aus.

ST.-HONORÉ-TORTE

Blätterteigboden: 24 cm Ø

Boden:

250 g Blätterteig
siehe Rezept Seite 203
oder tiefgekühlter
Blätterteig

Brandmasse:

50 ml Milch
1½ EL Butter (15 g)
50 g Mehl Type 550
1 Ei (70 g)
1 EL unbehandelte,
geriebene Zitronenschale
2 Prisen Salz

Zum Karamelisieren:

50 g Aprikosenkonfitüre
2 EL Puderzucker (20 g)
etwas Hagelzucker zum
Aufstreuen

Creme:

100 ml Milch
100 ml Sahne
50 g Zucker
1 Prise Salz
30 g Kartoffelstärkemehl
50 ml Milch
3 EL Mehl Type 550
(30 g)
1 Ei (60 g)
1 Blatt Gelatine
Mark einer Vanilleschote
50 g Butter
200 ml Sahne

1. Den Blätterteig auf 25 x 25 cm ausrollen. Auf ein nasses Backblech legen und mehrmals mit einer Gabel einstechen. Im vorgeheizten Ofen bei 190 Grad 10-15 Minuten backen. Nach dem Backen einen Boden von 24 cm Durchmesser ausschneiden.

2. Für die Windbeutel Milch und Butter aufkochen. Das Mehl unter Rühren dazugeben und abrösten, bis sich die Masse vom Topfrand löst. Den Topf vom Herd nehmen und nach und nach das verquirlte Ei, die Zitronenschale sowie das Salz unterkneten. Die Brandmasse zum Auskühlen auf eine Marmorplatte streichen. Die kalte Masse in einen Spritzbeutel mit großer Lochtülle geben und 20 kleine Windbeutel auf ein mit Backpapier ausgelegtes Blech dressieren. Im vorgeheizten Ofen bei 240 Grad ca. 5 Minuten backen. Wenn möglich, unter Dampf backen oder eine Schale mit Wasser in den Ofen stellen.

3. Die abgekühlten Windbeutel werden mit etwas Aprikosenkonfitüre auf den äußeren Rand des Blätterteigbodens gesetzt. Puderzucker über die Windbeutel sieben und unter dem Grill im Backofen karamelisieren lassen. Vorsicht, wenn der Puderzucker geschmolzen ist, wird er sehr schnell braun! Anschließend etwas Hagelzucker auf die Windbeutel streuen.

4. Für die Creme Milch, Sahne, Zucker und Salz aufkochen. Kartoffelstärke mit Milch anrühren und die Sahnemilch damit abbinden. Das Mehl unter Rühren dazugeben und abrösten, bis sich die Masse vom Topfrand löst. Den Kloß in eine Schüssel geben und etwas abkühlen lassen. Dann das Ei, die aufgelöste Gelatine und das Vanillemark mit den Knethaken des Handrührgerätes untermengen. Die weiche Butter schaumig rühren und mit der erkalteten, kurz aufgeschlagenen Brandmasse mischen. Die steif geschlagene Sahne unterheben und die Creme ca. 2 Stunden kalt stellen.

5. Zwei Drittel der Creme kegelförmig in die Tortenmitte streichen. Mit dem Rest der Masse geschlungene Wellenlinien (s. Foto) auf die Torte dressieren. Hierfür einen Spritzbeutel mit großer Sterntülle verwenden.

TIPS & TRICKS

SCHNEIDEN EINES GERADEN TORTENBODENS

1. Wichtig für das gleichmäßige Durchschneiden eines Bodens ist eine gerade Messerführung. Wer darin nicht so geübt ist, legt hinter den Boden eine Leiste und führt daran entlang ein genügend langes Messer durch den Boden. Die andere Hand hält den Boden leicht von oben fest.

2. Eine zweite Möglichkeit ist das Boden-Schneide-Gerät. Der Metallfaden ist in der Höhe beliebig verstellbar. Man zieht das Gerät in einer engen Zickzacklinie vorsichtig zu sich heran und hält den Boden von oben fest.

EINPASSEN EINES TORTENBODENS IN EINEN KLEINEREN RING

1. Wenn eine Torte gefüllt werden soll, muß der Tortenboden paßgenau in einen Tortenring oder einen Springformrand eingesetzt werden; nur so läßt es sich vermeiden, daß die Füllung an der Seite vorbeiläuft. Man legt den Boden von oben so ein, daß eine Kante fest am Rand liegt. Durch Drücken, Ziehen und Schieben des Bodens bringt man ihn paßgenau in den Ring.

BEGRADIGEN EINES UNGEFÜLLTEN TORTENBODENS

1. Torten ohne Marzipandecke, die mit Kuvertüre oder Spritzschokolade überzogen werden sollen, müssen vorher auf der Oberseite und eventuell auch am Rand geradegeschnitten werden.

2. Die anfallenden Reste werden durch ein nicht zu feines Sieb gedrückt.

3. Mit einer Teigkarte werden die Brösel an den Rand der überzogenen Torte angestreut.

TORTEN MIT MARZIPAN EINDECKEN

1. Zwei starke Klarsichtfolien auf 40 x 40 cm zuschneiden. Marzipan flachdrücken, zwischen die Folien legen und mit einem Rollholz auf ca. 38 x 38 cm ausrollen. Damit sich keine tiefen Falten ins Marzipan drücken, die Folien von Zeit zu Zeit vom Marzipan lösen und wieder glatt auflegen.

2. Die obere Folie vom Marzipan abziehen. Die untere Folie mit dem daran klebenden Marzipan so über die Torte legen, daß sie von allen Seiten gut bedeckt ist.

3. Marzipan leicht mit den Händen andrücken.

4. Mit einer Teigkarte die Oberkante begradigen, den Rand festdrücken und überstehendes Marzipan sauber abstechen.

TORTEN MIT KUVERTÜRE ODER SPRITZSCHOKOLADE ÜBERZIEHEN

1. Torte auf ein Kuchengitter setzen, unter dem eine Folie zum Auffangen der abtropfenden Kuvertüre liegt. Die temperierte Kuvertüre oder die Spritzschokolade auf die Tortenmitte gießen und mit einer Palette (mindestens 26 cm lang) oder einem geraden Messer so verstreichen, daß sie auch gleichmäßig über den Rand läuft.

2. Die noch flüssige, herunterlaufende Kuvertüre mit einer kürzeren Palette (20 cm) am Rand der Torte verstreichen. Für eventuell nachgebliebene Löcher abgetropfte Kuvertüre aufnehmen und verstreichen. Bevor der Überzug angezogen ist, die Torte auf Backpapier umsetzen.

OBST- UND LEICHTE T

ORTEN

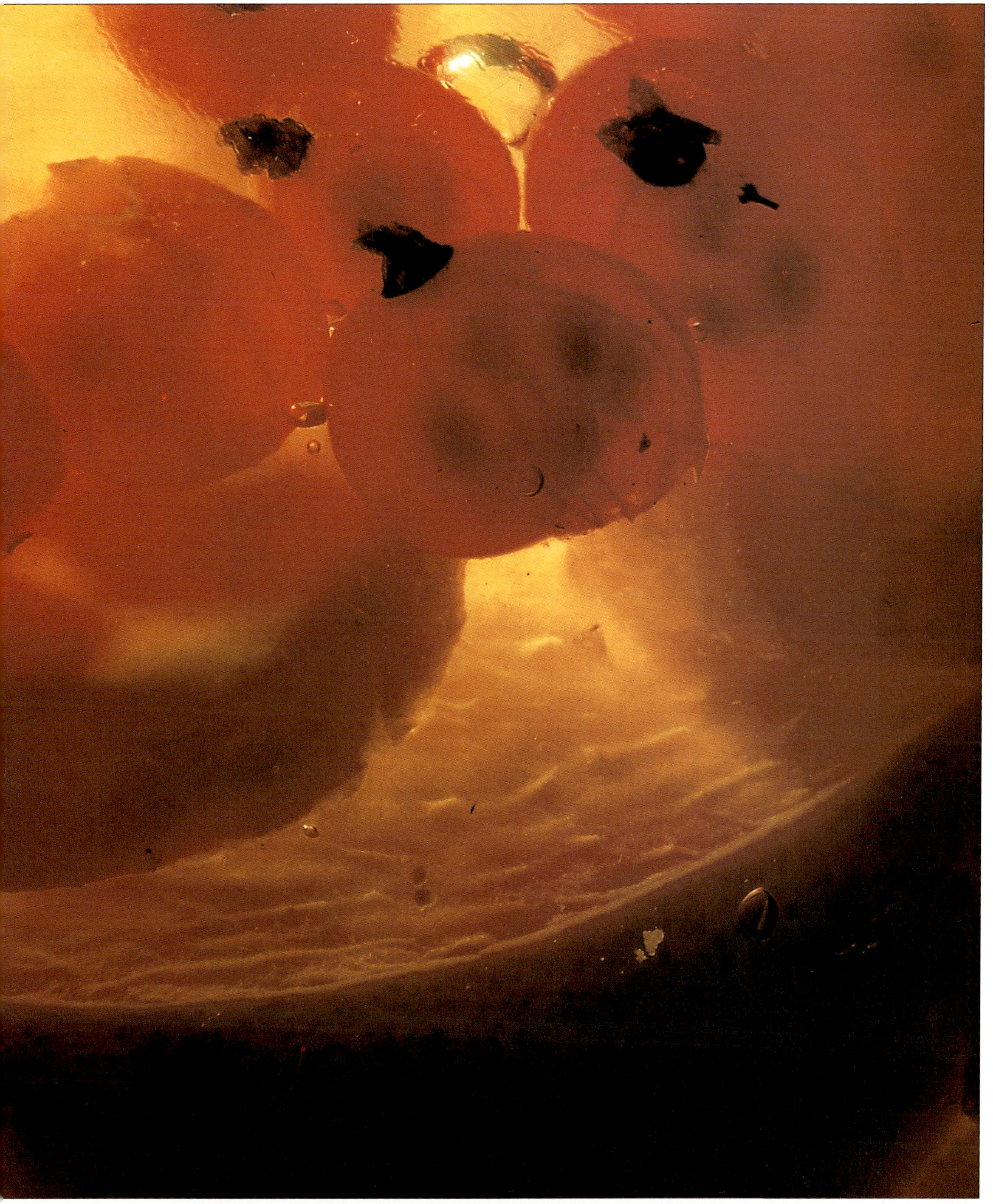

SAUERRAHMTORTE

Springform: 22 cm Ø

Hefeteig:

3 EL Milch (45 ml)
5 g Hefe
60 g Mehl Type 550
1½ EL Butter (15 g)
1 Eigelb (20 g)
1 EL Zucker (15 g)
1 Prise Salz
1 TL abgeriebene Schale einer unbehandelten Zitrone

Vanillecreme:

150 ml Milch
60 ml Sahne
2 EL Zucker (30 g)
1 Prise Salz
Mark einer ½ Vanilleschote
3 EL Milch (45 ml)
15 g Weizenstärkemehl
1 Eigelb (20 g)

Sauerrahmmasse:

200 g Sauerrahm
1 großes Ei (80 g)
2 Eigelb (40 g)
50 g weiche Butter
40 g Schichtkäse
30 g Weizenstärkemehl
1 Prise Salz
abgeriebene Schale einer ½ unbehandelten Zitrone

Guß:

120 g Butter
4 Eigelb (80 g)
60 g Zucker

1. Aus lauwarmer Milch, Hefe und einem Teil des Mehles einen Hefeansatz herstellen. 15 Minuten gehen lassen.

2. Butter, Eigelb, Zucker, Salz und Zitronenschale glattarbeiten, Hefeansatz und restliches Mehl zugeben und zu einem Hefeteig verarbeiten.

3. Den Springformboden fetten und den Hefeteig darauf verstreichen. Nochmals gehen lassen.

4. Für die Vanillecreme Milch, Sahne, Zucker, Salz und Vanillemark zum Kochen bringen.

5. Milch, Weizenstärkemehl und Eigelb glattrühren.

6. Die Milch von der Herdplatte nehmen und mit der angerührten Masse schnell verrühren.

7. Unter ständigem Rühren kurz wieder erhitzen und zur Rose abziehen. Anschließend kalt stellen.

8. Für die Sauerrahmmasse alle Zutaten glattarbeiten und die kalte, passierte Vanillecreme unterziehen.

9. Die Masse auf dem Hefeteig verteilen und im vorgeheizten Backofen bei 180 Grad ca. 35-40 Minuten backen.

10. Für den Guß die Butter schmelzen. Eigelb und Zucker glattrühren, die flüssige, nicht zu heiße Butter dazugeben.

11. Den Guß nach 25 Minuten Backzeit gleichmäßig auf dem Kuchen verteilen, weitere 10-15 Minuten backen.

12. Die ausgekühlte Torte mit einem geraden Messer aus der Form lösen.

13. Vor dem Servieren die Torte mit etwas Puderzucker besieben.

OBSTTORTE

Springform: 28 cm Ø
Springform: 26 cm Ø

Wiener Boden:

50 g Butter
100 g Mehl Type 550
110 g Weizenstärkemehl
4 Eier (250 g)
180 g Zucker
1 Prise Salz

Buttermürbeteig:

60 g Butter
3 EL Puderzucker (30 g)
1 Prise Salz
Mark einer ½ Vanilleschote
1 Eigelb (18 g)
90 g Mehl Type 550 oder 1050
50 g Vollmilchkuvertüre zum Bestreichen

Vanillecreme:

150 ml Milch
50 ml Sahne
2 EL Zucker (30 g)
Mark einer ½ Vanilleschote
1 Prise Salz
3 EL Milch (45 ml)
2 Eigelb (30 g)
2 EL Weizenstärkemehl (18 g)

Zum Bestreuen:

5 EL Biskuitbrösel (20 g)

Belag:

gemischtes Obst, z.B. Orangen, Erdbeeren, Pfirsiche, Himbeeren, Bananen, Saft einer halben Zitrone

Gelatinegelee:
9 Blatt Gelatine
200 ml Fruchtsaft oder Wein
60 g Zucker

1. Für den Wiener Boden eine Springform mit 28 cm Durchmesser mit Backpapier auslegen. Die Butter schmelzen und abkühlen lassen. Mehl und Weizenstärkemehl mischen und sieben.
2. Eier, Zucker und Salz unter Rühren im Wasserbad auf Körpertemperatur bringen, herausnehmen und weiter schaumig schlagen. Das Mehl-Stärkegemisch vorsichtig untermelieren. Zum Schluß die Butter melieren. Die Wiener Masse in die Springform füllen und im vorgeheizten Backofen bei 170 Grad 25-30 Minuten backen. In der Form auskühlen lassen.
3. Für den Buttermürbeteig alle Zutaten, bis auf das Mehl, in kühlem Zustand zu einer glatten Masse verkneten. Dann das Mehl vorsichtig unterarbeiten. Den Teig in Folie wickeln und kühl stellen, am besten über Nacht, dann läßt er sich besser weiterverarbeiten.
4. Drei Viertel des Mürbeteiges ausrollen und mit dem Springformrand einen Boden von 26 cm Durchmesser ausstechen. Die Springform mit Backpapier auslegen, den Mürbeteigboden einlegen und mehrmals mit einer Gabel einstechen. Aus dem letzten Viertel des Teiges eine Rolle formen, die in ihrer Länge dem Tortenumfang entspricht. Die Teigrolle an den Innenrand der Springform legen und mit den Fingern andrücken, so daß ein gezackter Rand entsteht. Im vorgeheizten Ofen bei 160 Grad 20 Minuten backen.
5. Die Kuvertüre auflösen und den abgekühlten Mürbeteigboden damit einpinseln. Einen Wiener Boden von 1,5 cm Stärke schneiden, verkleinern und auf den Mürbeteig legen. Zwischen dem Tortenrand und dem Wiener Boden kann ein Kranz von 1 cm frei bleiben.
6. Für Die Vanillecreme Milch, Sahne, Zucker, Vanillemark und Salz aufkochen und von der Herdplatte nehmen. Milch, Eigelb und Weizenstärkemehl verrühren und zu der heißen Milch geben. Unter Rühren wieder erhitzen und zur Rose abziehen. Auf dem Wiener Boden verstreichen. Nach dem Auskühlen mit Biskuitbröseln bestreuen.
7. Für eine gemischte Torte werden vor dem Belegen alle Früchte vorbereitet: Orangen filetieren, Erdbeeren waschen, vom Grün befreien und eventuell halbieren, Pfirsiche in Spalten schneiden und gegebenenfalls kurz blanchieren, Himbeeren verlesen, Bananen in dünne Scheiben schneiden und mit Zitronensaft beträufeln. Eine Torte wird grundsätzlich von außen nach innen belegt. Die Himbeeren werden in den freigelassenen Kranz zwischen Wiener Boden und Mürbeteigrand gesetzt. Daran anschließend je einen Kreis aus Früchten anlegen, bis der Mittelpunkt erreicht ist. Das Obst möglichst dicht legen, damit die Creme nicht sichtbar ist.
8. Gelatine einweichen. Saft oder Wein mit Zucker aufkochen und die Gelatine darin auflösen. Wenn das Gelee beginnt anzuziehen, wird es je nach Beschaffenheit der Tortenoberfläche aufgetropft oder mit einem Pinsel vorsichtig auf den Früchten verstrichen.

Tip: Übriggebliebenen Wiener Boden einfrieren oder für eine zweite Torte verwenden, z.B. für eine Erdbeer-, Himbeer- oder Blaubeertorte.

Für eine <u>Erdbeertorte</u> 1000 g Erdbeeren waschen, vom Grün befreien und gut abtropfen lassen. Der äußere Rand der Torte wird mit den größten Erdbeeren belegt; zur Mitte hin sollten sie immer kleiner werden. Zwischenräume vermeiden.

Für eine <u>Himbeertorte</u> 800 g Himbeeren verlesen und möglichst nicht waschen, am besten unbehandelte Früchte kaufen. Die Beeren am äußeren Tortenrand in zwei Kreisen aneinanderlegen. Die restlichen Früchte vorsichtig in die Mitte streuen.

Für eine <u>Blaubeertorte</u> 600 g Beeren verlesen, waschen und gut abtropfen lassen. Eine Hälfte der Blaubeeren auf die Vanillecreme streuen. Gelatinegelee zubereiten und die Früchte damit binden. Anziehen lassen. Die zweite Hälfte der Beeren aufstreuen und wiederum mit einem Rezept Gelee binden.

PUNSCHRINGE

10 kleine Savarinförmchen 7,5 cm Ø

Hefeteig:

50 ml lauwarme Milch
15 g Hefe
50 g Mehl Type 550
60 g Butter
2 EL Zucker (30 g)
3 Eigelb (50 g)
½ TL abgeriebene Schale einer unbehandelten Zitrone
Mark einer ½ Vanilleschote
1 Prise Salz
100 g Mehl Type 550
knapp 2 EL Milch (30 ml)

Zum Tränken:

100 ml Apfelsaft
50 g Zucker
100 ml Weißwein
1 EL Zitronensaft (15 ml)
1 EL Rum (15 ml)
½ TL abgeriebene Schale einer unbehandelten Zitrone

Zum Bestreichen:

100 g Aprikosenkonfitüre

Vanillecreme:

150 ml Milch
50 ml Sahne
2 EL Zucker (30 g)
1 Prise Salz
Mark einer ½ Vanilleschote
3 EL Milch (45 ml)
15 g Weizenstärkemehl
1 Eigelb (20 g)

Belag:

500 g verschiedene Früchte, z. B. Himbeeren, Johannisbeeren, Stachelbeeren, Kiwis oder ausgestochene Kugeln aus einer Melone

Zum Abglänzen der Früchte:

200 ml heller, klarer Fruchtsaft oder Weißwein
100 g Zucker
2 EL Agar-Agar-Flocken (3 g)

1. Für die Savarins die ersten drei Zutaten zu einem Hefeansatz verrühren und 15 Min. gehen lassen.
2. Butter, Zucker, Eigelb, Zitronenschale, Vanillemark und Salz schaumig rühren.
3. Mit Mehl, Milch und Hefeansatz verkneten.
4. In einen Spritzbeutel füllen und in die gebutterten, ausgemehlten Savarinförmchen spritzen.
5. An einem warmen Ort abgedeckt gehen lassen, bis sich die Höhe des Teiges fast verdoppelt hat.
6. Im vorgeheizten Backofen bei 180 Grad ca. 14 Minuten backen. Anschließend stürzen.
7. Die Zutaten für die Tränke verrühren und die noch warmen Savarins kurz hineintauchen.
8. Aprikosenkonfitüre aufkochen und die Savarins dünn damit bestreichen. Jeden Savarin auf einen Servierteller setzen.
9. Für die Vanillecreme Milch, Sahne, Zucker, Salz und Vanillemark zum Kochen bringen.
10. Milch und Weizenstärkemehl glattrühren, dann das Eigelb unterrühren.
11. Die Milch von der Herdplatte nehmen und schnell mit der Eigelbmasse abbinden.
12. Unter ständigem Rühren noch einmal kurz erhitzen und zur Rose abziehen.
13. Die abgekühlte Creme in die Mitte der Savarins füllen und die vorbereiteten Früchte auflegen.
14. Saft oder Wein mit Zucker und Agar-Agar verrühren und aufkochen. Bei geringer Hitze 3 Minuten köcheln lassen. Abkühlen und leicht anziehen lassen, dann die Früchte damit abglänzen.

Verführerisches Finale, krönende Lust, süßer Ausklang oder einfach Punschringe. Viele Bezeichnungen für den Gang am Ende eines Menüs. Savarins mit einem Hauch trunkener Beschwingtheit, gefüllt mit edler Vanillecreme und verschiedenem Obst.

FRÜCHTEOMELETTES

Omelettemasse:

5 Eigelb (90 g)
5 Eiweiß (160 g)
75 g Zucker
3 EL Mehl Type 550 (30 g)
30 g Weizenstärkemehl

Füllung:

500 g Erdbeeren oder Himbeeren
3 Blatt Gelatine
2 Eigelb (36 g)
2 EL Zucker (30 g)
Mark einer ½ Vanilleschote
350 ml Sahne

Zum Verzieren:

etwas Puderzucker

1. Das Eigelb schaumig rühren. Eiweiß und Zucker zu cremigem Schnee aufschlagen. Ein Drittel des Eischnees mit der Eigelbmasse angleichen. Mehl und Weizenstärkemehl mischen und sieben. Zusammen mit dem restlichen Eischnee sehr vorsichtig unter die Eigelbmasse melieren.
2. Die Masse in einen Spritzbeutel mit möglichst großer Lochtülle geben. Auf ein mit Backpapier ausgelegtes Blech 10-12 ovale Omelettes von 7x12 cm Größe spritzen. Im vorgeheizten Ofen bei 180 Grad 10-12 Minuten backen.
3. Die abgekühlten Omelettes vom Papier ziehen und eine Hälfte (5-6 Stück) mit vorbereiteten Früchten belegen.
4. Die Gelatine einweichen. Eigelb, Zucker und Vanillemark verrühren. Die Sahne locker aufschlagen. Die Gelatine im Wasserbad auflösen und mit einem Zehntel der Sahne unter das Eigelb rühren. Den Rest der Sahne vorsichtig unterziehen.
5. Die Masse in einen Spritzbeutel mit möglichst großer Lochtülle geben und auf die mit Früchten belegten Omelettes spritzen. Die restlichen Omelettes auflegen und leicht andrücken. 1-2 Stunden gut durchkühlen lassen.
6. Zum Servieren die Omelettes mit Puderzucker überstäuben.

ZWETSCHENTORTE

Springform: 26 cm Ø

Buttermürbeteig:

150 g Butter
75 g Puderzucker
1 Prise Salz
Mark einer ½ Vanilleschote
2 Eigelb (40 g)
225 g Mehl Type 550 oder 1050

Belag:

800 g Zwetschen

Marzipanmasse:

75 g Butter
65 g Puderzucker
40 g Marzipanrohmasse
2 Prisen Salz
abgeriebene Schale einer ½ unbehandelten Zitrone
1 Ei (75 g)
75 g Mehl Type 550

Zum Verzieren:

50 g Aprikosenkonfitüre
30 g Mandelblättchen

1. Butter, Puderzucker, Salz, Vanillemark und Eigelb in kühlem Zustand zu einer glatten Masse verkneten. Dann vorsichtig das Mehl unterarbeiten. Den Teig in Folie wickeln und kühl stellen, am besten über Nacht, dann läßt er sich besser weiterverarbeiten.
2. Den Springformboden fetten und mit Backpapier auslegen. Die Zwetschen waschen und entsteinen.
3. Die vorbereitete Springform mit dem ausgerollten Mürbeteig (8 mm dick) auslegen und einen Rand von 1,5 cm Höhe formen. Den Boden mehrfach mit einer Gabel einstechen.
4. Für die Marzipanmasse Butter, Puderzucker, Marzipanrohmasse, Salz und die Zitronenschale erst mit der Hand, dann mit den Knethaken einer Rührmaschine glattarbeiten. Nach und nach das verquirlte Ei unterrühren. Zuletzt das Mehl unter die leicht schaumige Masse melieren. Die Marzipanmasse wird kuppelförmig auf den ungebackenen Mürbeteig gestrichen und kreisförmig mit Zwetschen belegt. Die Torte im vorgeheizten Ofen bei 150 Grad 45-50 Minuten backen.
5. Nach dem Backen die Spitzen der Zwetschen mit heißer Aprikosenkonfitüre abglänzen.
6. Mandelblättchen in einer Pfanne bräunen und über die Torte streuen.

Charlotteform

Löffelbiskuits:

4 Eigelb (72 g)
2 EL Zucker (30 g)
Mark einer ½ Vanilleschote
2 Eiweiß (65 g)
3 EL Zucker (45 g)
1 Prise Salz
75 g Mehl Type 550
etwas Zucker zum Bestreuen

Zum Tränken:

Orangensaft und Grand Marnier Likör nach Geschmack

Charlottecreme:

5 Blatt Gelatine
100 ml Wein
50 g Zucker
6 Eigelb (110 g)
350 g Himbeerpüree
200 ml geschlagene Sahne

Nach Belieben ein Wiener Boden (4-5 mm Stärke) im Durchmesser der Charlotteform

Zum Belegen:

einige Himbeeren

1. Für die Löffelbiskuits Eigelb, Zucker und das Vanillemark schaumig schlagen. Eiweiß, Zucker und Salz zu cremigem Schnee aufschlagen. Beide Massen angleichen und melieren. Das gesiebte Mehl vorsichtig unterheben. Die fertige Masse in einen Spritzbeutel mit großer Lochtülle füllen und die Löffelbiskuits auf ein mit Backpapier ausgelegtes Blech dressieren. Form, Länge und Stärke der zu spritzenden Löffelbiskuits hängen von den Einkerbungen und der Höhe der Charlotteform ab. Die Löffelbiskuits mit Zucker bestreuen (überschüssigen Zucker abschütteln) und im vorgeheizten Ofen bei 200 Grad 12-15 Minuten backen. Nach dem Backen sofort vom Papier lösen.

2. Die Charlotteform mit Alufolie auslegen. Die Biskuits paßgenau zuschneiden, mit der Tränke einpinseln und so in die Form einlegen, daß der Rand lückenlos ist. Kühl stellen.

3. Für die Charlottecreme die Gelatine einweichen. Wein und Zucker aufkochen, mit Eigelb zur Rose abziehen und in eine Schüssel umfüllen. Die gut ausgedrückte Gelatine unter die Masse rühren. Das Himbeerpüree zugeben und die Masse abkühlen lassen. Mit einem Teil der geschlagenen Sahne angleichen, dann die restliche Sahne unterziehen. Die Creme in den Kühlschrank stellen und etwas anziehen lassen. Sie soll noch weich, aber nicht mehr flüssig sein, damit sie nicht hinter die Löffelbiskuits läuft. Die Creme vorsichtig in die Form füllen, die Biskuits dürfen sich nicht bewegen. Die Charlotte für ca. 30 Minuten in die Tiefkühltruhe stellen. Anschließend für 2-3 Stunden im Kühlschrank gut durchkühlen lassen.

4. Nach Belieben kann die Charlotte auf einen Wiener Boden gestürzt werden. Kurz vor dem Servieren mit Himbeeren belegen.

HIMBEER-CHARLOTTE

Mit Stolz trug der Hof-Zuckerbäcker von Kaiser Franz Josef gleich zwölf Orden – Auszeichnungen, die ihm für seine süße Arbeit verliehen worden waren. Was ihm zur Krönung fehlte, war diese Charlotte aus Himbeerpüree und Sahne – eine Meisterleistung für Majestäten.

ORANGEN-ROSETTEN-TORTE

Springform: 26 cm Ø
Glasschale: 26 cm Ø

Buttermürbeteig:

60 g Butter
3 EL Puderzucker (30 g)
1 Prise Salz
Mark einer ½ Vanilleschote
1 Eigelb (18 g)
90 g Mehl Type 550

Wiener Boden:

75 g Mehl Type 550
80 g Weizenstärkemehl
3 Eier (185 g)
135 g Zucker
1 Prise Salz
35 g zerlassene Butter

Orangenrosette:

3-4 unbehandelte Orangen ohne Kerne
600 g Zucker
300 ml Wasser

Orangen-Sahnecreme:

250 ml frisch gepreßter Orangensaft
1 EL frisch gepreßter Zitronensaft
100 ml Sahne
5 Eigelb (110 g)
90 g Zucker
8 Blatt Gelatine
300 g geschlagene Sahne

Tränke:

Saft einer ½ Orange
1 EL Cointreau (15 ml)

Zum Bestreichen des Bodens:

50 g Vollmilchkuvertüre

1. Butter, Puderzucker, Salz Vanillemark und Eigelb zu einer glatten Masse verkneten. Mehl zum Schluß vorsichtig unterarbeiten. Den Teig in Folie wickeln und kalt stellen, am besten über Nacht, dann läßt er sich besser weiterverarbeiten.
2. Auf dem gefetteten Springformboden (26 cm Ø) ausrollen und im vorgeheizten Backofen bei 160 Grad ca. 20 Minuten backen. Auskühlen lassen.
3. Mehl und Weizenstärkemehl mischen und sieben. Eier, Zucker und Salz im Wasserbad auf Körpertemperatur bringen. Herausnehmen und weiter schaumig schlagen. Mehl und Stärkemehl vorsichtig untermelieren. Zum Schluß die zerlassene, abgekühlte Butter melieren.
4. Die Masse in eine mit Backpapier ausgelegte Springform geben und im vorgeheizten Backofen bei 170 Grad ca. 15 Minuten backen. Den ausgekühlten Boden so durchschneiden, daß ein dünner und ein dicker Boden entsteht. Vom dünnen Boden rundherum 4 cm abschneiden.
5. Die Orangen (mit Schale) in dünne Scheiben schneiden. Zucker und Wasser aufkochen, die Scheiben hineinlegen und etwa 60 Minuten köcheln lassen, bis die Schale weich ist und die Farbe ins Orange umschlägt.
6. Für die Orangen-Sahnecreme die Zitrussäfte mit der Sahne aufkochen. Den Topf von der Herdplatte nehmen. Eigelb und Zucker dazugeben, verrühren. Auf der Herdplatte zur Rose abziehen. Creme in ein kühles Gefäß füllen und die eingeweichte, ausgedrückte Gelatine darin auflösen. Die Creme muß auf ca. 30 Grad abkühlen, dann die geschlagene Sahne vorsichtig untermelieren.
7. Die Glasschale fetten, mit Zucker ausstreuen und mit Orangenscheiben auslegen.
8. Die Hälfte der Sahnecreme in die Form füllen.
9. Den dünnen Boden auflegen. Orangensaft mit Cointreau abschmecken und den Boden damit tränken.
10. Restliche Creme einfüllen und den dickeren Boden auflegen. Die Torte 2 Stunden kalt stellen.
11. Den Mürbeteigboden mit aufgelöster Kuvertüre bestreichen und mit der bestrichenen Seite auf die Torte legen. Die Glasschale in heißes Wasser tauchen und schnell, aber vorsichtig auf eine Tortenplatte stürzen. Die Glasschale abnehmen und überschüssige Flüssigkeit mit Küchenkrepp abtupfen.

Tip: Die Torte läßt sich am besten anschneiden, wenn sie vorher angefroren wurde.

12 Tortelettförmchen

Buttermürbeteig:

180 g Butter
90 g Puderzucker
1 Prise Salz
Mark einer ½ Vanilleschote
2 Eigelb (45 g)
260 g Mehl Type 550

Wiener Kapsel:

3 EL Butter (30 g)
3 Eier (150 g)
120 g Zucker
1 Prise Salz
60 g Mehl Type 550
70 g Weizenstärkemehl

Vanillecreme:

150 ml Milch
50 ml Sahne
2 EL Zucker (30 g)
1 Prise Salz
Mark einer ½ Vanilleschote
3 EL Milch (45 ml)
15 g Weizenstärkemehl
1 Eigelb (18 g)

Zum Bestreichen:

200 g Vollmilchkuvertüre

Belag:

Früchte der Saison

Glasur:

200 ml Wein oder klarer Obstsaft
2 EL Agar-Agar-Flocken (3 g)
100 g Zucker

OBST-TORTELETTS

Was Haydn und Vivaldi fürs Ohr so unnachahmlich gelang – warum sollte dies nicht auch für den Gaumen möglich sein? Das Flair der Jahreszeiten, von den Früchten der Saison eingefangen, auf zarten Torteletts.

1. Butter, Puderzucker, Salz, Vanillemark und Eigelb in kaltem Zustand zu einer glatten Masse verkneten. Das Mehl zum Schluß vorsichtig unterarbeiten. Den Teig kalt stellen, am besten über Nacht, dann läßt er sich besser weiterverarbeiten.

2. Den Teig etwa 3 mm dünn ausrollen und die gefetteten Förmchen damit auslegen. Gut andrükken und mehrmals mit einer Gabel einstechen. Im vorgeheizten Backofen bei 160 Grad ca. 20 Minuten backen.

3. Für die Wiener Kapsel die Butter schmelzen und abkühlen lassen. Eier, Zucker und Salz unter Rühren im Wasserbad auf Körpertemperatur bringen, herausnehmen und weiter schaumig schlagen. Mehl und Weizenstärkemehl mischen, sieben und vorsichtig untermelieren. Zum Schluß die flüssige Butter melieren.

4. Die Masse quadratisch auf ein mit Backpapier belegtes Blech (31 x 31 cm) streichen. Im vorgeheizten Backofen bei 170 Grad ca. 20 Minuten backen.

5. Aus der ausgekühlten Kapsel, je nach Tortelettförmchen, Kreise ausstechen oder Rauten schneiden.

6. Für die Vanillecreme Milch, Sahne, Zucker, Salz und Vanillemark zum Kochen bringen. Milch, Weizenstärkemehl und Eigelb mit einem Schneebesen vermengen. Die Milch von der Herdplatte nehmen und das Stärkegemisch zugeben. Unter ständigem Rühren wieder erhitzen und zur Rose abziehen.

7. Die Kuvertüre auflösen und mit einem Pinsel in die ausgekühlten Törtchen streichen. Die aus der Kapsel ausgestochenen Teile auflegen und die heiße Creme einfüllen, so daß die Kapselstücke gerade bedeckt sind.

8. Etwas von dem übrigen Kapselteig zerbröseln, auf der Creme verteilen und die vorbereiteten Früchte darauf anordnen.

9. Wein oder Saft mit Agar-Agar und Zucker aufkochen. Drei Minuten köcheln. Anziehen lassen und die Früchte damit abglänzen.

KIRSCHTORTE

Springform: 24 cm Ø
Springform: 22 cm Ø

Wiener Boden:

50 g Butter
100 g Mehl Type 550
110 g Weizenstärkemehl
4 Eier (250 g)
180 g Zucker
1 Prise Salz

Buttermürbeteig:

60 g Butter
3 EL Puderzucker (30 g)
1 Prise Salz
Mark einer ½ Vanilleschote
1 Eigelb (18 g)
90 g Mehl Type 550 oder 1050

Zum Bestreichen:

50 g Vollmilchkuvertüre

Vanillecreme:

4 TL Weizenstärkemehl (12 g)
2 EL Milch (30 ml)
1 Eigelb (18 g)
125 ml Milch
3 EL Sahne (45 ml)
2 EL Zucker (30 g)
1 Prise Salz
eine ½ Vanilleschote

Belag:

800 g Sauerkirschen, entsteint
200 g Zucker
50 g Weizenstärkemehl

Gelee zum Abglänzen:

200 ml Saft oder Wein
65 g Zucker
2 EL Agar-Agar-Flocken (3 g)

1. Für den Wiener Boden eine Springform mit 24 cm Durchmesser mit Backpapier auslegen. Die Butter zerlassen und abkühlen lassen. Mehl und Weizenstärkemehl mischen und sieben.

2. Eier, Zucker und Salz unter Rühren im Wasserbad auf Körpertemperatur bringen, herausnehmen und weiter schaumig schlagen. Das Mehl-Stärkegemisch vorsichtig untermelieren. Zum Schluß die Butter melieren. Die Wiener Masse in die Springform füllen und im vorgeheizten Backofen bei 170 Grad ca. 30 Minuten backen. In der Form auskühlen lassen.

3. Für den Buttermürbeteig alle Zutaten, bis auf das Mehl, in kühlem Zustand zu einer glatten Masse verkneten. Dann das Mehl vorsichtig unterarbeiten. Den Teig in Folie wickeln und kühl stellen, am besten über Nacht, dann läßt er sich besser weiterverarbeiten.

4. Den Mürbeteig ausrollen und mit dem Springformrand einen Boden von 22 cm Durchmesser ausstechen. Die Springform mit Backpapier auslegen, den Boden einlegen und mehrmals mit einer Gabel einstechen. Im vorgeheizten Ofen bei 160 Grad ca. 20 Minuten backen.

5. Von dem Wiener Boden einen Boden von 1,5 cm Stärke abschneiden und auf einen Durchmesser von 22 cm verkleinern.

6. Die Kuvertüre auflösen und auf den erkalteten Mürbeteigboden streichen. Den Wiener Boden auflegen und beide in einen Tortenring oder einen Springformrand (22 cm Ø) einpassen.

7. Für die Vanillecreme Weizenstärkemehl, Milch und Eigelb verrühren und beiseite stellen. Milch, Sahne, Zucker, Salz und die aufgeschnittene Vanilleschote zum Kochen bringen. Kurz vor dem Siedepunkt die Vanilleschote herausnehmen, das Mark herausschaben und wieder zur Milch geben. Den Topf von der Herdplatte nehmen und das Stärkegemisch einrühren. Unter ständigem Rühren wieder erhitzen und zur Rose abziehen. Sofort auf dem Wiener Boden verstreichen. Die Creme darf den Ring nicht verschmieren.

8. Für den Belag die Sauerkirschen mit dem Zucker erwärmen. Den entstehenden Saft (125 ml) abgießen und erkalten lassen. Das Weizenstärkemehl mit dem Saft anrühren. Die Kirschen aufkochen, mit dem angerührten Saft andicken und auf der Vanillecreme verstreichen. Die Kirschtorte für 2-3 Stunden kühl stellen.

9. Für das Gelee Saft, Zukker und Agar-Agar verrühren. Aufkochen und unter ständigem Rühren bei geringer Hitze 3 Minuten köcheln lassen. Wenn das Gelee etwas abgekühlt ist, die Torte mit Hilfe eines Pinsels abglänzen.

Tip: Der übriggebliebene Wiener Boden kann eingefroren aufbewahrt oder für eine zweite Torte, z.B. die Birnen-Riesling-Torte, verwendet werden.

JOGHURT STREIFEN

Kastenform: 30 cm Länge

Wiener Boden:

25 g Butter
50 g Mehl Type 550
55 g Weizenstärkemehl
2 Eier (125 g)
90 g Zucker
1 Prise Salz

Blätterteigboden:

200 g Blätterteig nach dem Grundrezept S. 203

Gelee:

100 g Zucker
5 g Agar-Agar-Flocken
300 ml Orangensaft, klarer Fruchtsaft oder Wein
2 Mandarinen
einige Granatapfelkerne

Joghurtcreme:

4 Blatt Gelatine
150 g Joghurt
3 EL Zucker (45 g)
1 TL Orangensaft
1 EL Zitronensaft
1 Prise Salz
1 Eigelb (18 g)
1 TL Cointreau (5 ml)
180 g geschlagene Sahne

Tränke für den Zwischenboden:

2 EL frisch gepreßter Orangensaft (30 ml)

1. Die Hälfte eines Backblechs mit Backpapier auslegen. Mit mehrfach geknickter, starker Alufolie in einer Backblechecke ein Feld von 30 x 12 cm abteilen. Für den Wiener Boden die Butter zerlassen und abkühlen lassen. Mehl und Weizenstärkemehl mischen und sieben.
2. Eier, Zucker und Salz unter Rühren im Wasserbad auf Körpertemperatur bringen. Herausnehmen und weiter schaumig schlagen.
Das Mehl-Stärkegemisch vorsichtig untermelieren. Zum Schluß die Butter melieren. Die Masse in den vorher erstellten Rahmen streichen und bei 170 Grad ca. 20 Minuten backen.
3. Den fertigt getourten Blätterteig auf ca. 30x12 cm ausrollen, auf ein kalt abgespültes Blech legen, mehrmals mit einer Gabel einstechen und im vorgeheizten Ofen bei 225 Grad 12-15 Minuten backen.
4. Den Boden einer Kastenform (30 cm) mit Alufolie auslegen.
Für das Gelee Zucker und Agar-Agar in den Saft einrühren. Zum Kochen bringen und unter Rühren 3 Minuten bei niedriger Hitze köcheln lassen. Etwas abkühlen lassen. Mit ca. fünf Eßlöffeln des Gelees den Boden der Kastenform bedecken. Anziehen lassen.
5. Die Mandarinen schälen, die Spalten kurz blanchieren und die Haut abziehen. Mit den Fruchtstücken zwei oder drei Sterne auf den Geleespiegel garnieren. In die Mitte je einen Granatapfelkern legen. Mit dem Gelee so weit auffüllen, daß die Früchte fast bedeckt sind und nicht schwimmen. Anziehen lassen. Nun die Früchte völlig mit Gelee bedecken. Kühl stellen.
6. Für die Joghurtcreme die Gelatine einweichen. Joghurt, Zucker, Zitrussäfte und Salz im Wasserbad erhitzen und mit Eigelb zur Rose abziehen. Die gut ausgedrückte Gelatine unterrühren und den Cointreau zugeben. Die Creme abkühlen lassen. Dann die geschlagene Sahne unterheben und die Hälfte der Joghurtcreme glatt in die Kastenform streichen. Der Wiener Boden wird verkleinert und in die Form eingepaßt. Mit dem Orangensaft tränken. Die restliche Creme einfüllen und den passend zugeschnittenen Blätterteigboden auflegen. Für 2-3 Stunden gut durchkühlen lassen.
7. Den Joghurtstreifen mit einem erhitzen Messer losschneiden, die Kastenform kurz in heißes Wasser halten und auf eine Kuchenplatte stürzen. Die Alufolie abziehen.

Tip: Für dieses Rezept kann auch fertiger, tiefgekühlter Blätterteig verwendet werden.

PASSIONSFRUCHTTORTE

Springform: 24 cm Ø
Springform: 26 cm Ø

Buttermürbeteig:

60 g Butter
3 EL Puderzucker (30 g)
1 Prise Salz
Mark einer ½ Vanilleschote
1 Eigelb (18 g)
130 g Mehl Type 550

Wiener Masse für Rand und Boden:

70 g Butter
110 g Mehl Type 550
130 g Weizenstärkemehl
4 kleine Eier (200 g)
210 g Zucker
1 Prise Salz

Passionsfruchtcreme:

Saft von 5-7 Passionsfrüchten (140 ml)
70 g Puderzucker
140 ml Sahne
50 g Zucker
3 Eigelb (60 g)
4 Blatt Gelatine
300 g geschlagene Sahne

Zum Bestreichen:

50 g Vollmilchkuvertüre

Gelee:

100 g Himbeeren
2 EL Zucker (30 g)
3 Blatt Gelatine

Garnierung:

14-16 Himbeeren

1. Für den Buttermürbeteig die Butter, Puderzukker, Salz, Vanillemark und Eigelb in kühlem Zustand zu einer glatten Masse verkneten. Das Mehl zum Schluß vorsichtig unterarbeiten. Den Teig kalt stellen.

2. Den Teig auf dem gefetteten Boden einer Springform (26 cm Durchmesser) ausrollen, mehrmals mit einer Gabel einstechen und im vorgeheizten Backofen bei 160 Grad ca. 20 Minuten backen.

3. Butter zerlassen. Mehl und Weizenstärkemehl mischen und sieben. Eier, Zucker und Salz im Wasserbad auf Körpertemperatur bringen. Herausnehmen und weiter schaumig schlagen. Zuerst das Mehl-Stärkegemisch vorsichtig unter die Eiermasse melieren, dann die zerlassene, nicht zu heiße Butter.

4. ⅔ der Masse auf ein mit Backpapier belegtes Blech (31 x 31 cm) streichen und im vorgeheizten Backofen bei 170 Grad ca. 25 Minuten backen.

5. Von dem ausgekühlten Boden das Backpapier abziehen und die Ränder gerade abschneiden. In sechs 5 cm breite Streifen schneiden, fünf davon mit Johannisbeergelee bestreichen und mit Hilfe einer Winkelpalette aufeinandersetzen. Für eine halbe Stunde ins Gefriergerät stellen.

6. Das letzte Drittel der Wiener Masse in eine mit Backpapier ausgelegte Springform (24 cm Durchmesser) füllen und im vorgeheizten Backofen bei 170 Grad ca. 15 Minuten backen. Den ausgekühlten Teig einmal quer durchschneiden, so daß ein dünner und ein dicker Boden entsteht.

7. Für die Passionsfruchtcreme die Früchte halbieren, das Mark mit einem Löffel von der Schale lösen, in ein Sieb geben und den Saft passieren. Puderzucker dazugeben, verrühren und ziehen lassen.

8. Die Sahne, Zucker und Eigelb zur Rose abziehen, die eingeweichte, ausgedrückte Gelatine unterrühren. Passionsfruchtsaft (6 EL zum Tränken zurückbehalten) zugeben und die Creme auf ca. 30 Grad abkühlen lassen. Dann die geschlagene Sahne unterziehen.

9. Die angefrorenen Kapselstreifen mit einem scharfen Sägemesser oder einer Brotschneidemaschine in Streifen schneiden.

10. Kuvertüre auflösen und den Mürbeteigboden damit bestreichen. Den Boden in einen Tortenring oder Springformrand einpassen und die Kapselstreifen am Rand aufstellen. Der Kapselrand sollte 2-3 mm niedriger als der Tortenring sein, damit später die Creme bis an den Rand gestrichen werden kann.

11. Den dickeren Wiener Boden einlegen und mit der Hälfte der Creme bestreichen. Den zweiten Boden einlegen und diesen mit dem zurückbehaltenen Saft tränken. Der zweite Boden darf den Kapselrand nicht berühren, da die Tränke sonst in den Rand eindringt. Die restliche Creme verteilen und die Torte ca. 2 Stunden kalt stellen.

12. Die Himbeeren mit einer Gabel zu einer einheitlichen Masse zerdrükken und mit Zucker verrühren. Ziehen lassen. Dann die eingeweichte, aufgelöste Gelatine unterrühren.

13. Mit einem Tortenring (18 cm Durchmesser) in der Tortenmitte einen Kreis markieren. Sobald das Gelee zu stocken beginnt, im Kreis verteilen. Die Torte aus dem Ring lösen und mit Himbeeren garnieren.

SCHWÄBISCHE APFELTORTE

Von der Bühne hat's der Mürbeteig übernommen. Die Klassiker werden neu in Szene gesetzt: Verfeinerte Cremes in den Nebenrollen, anspruchsvoller die Dekoration. Der Apfel allerdings, der ist Hauptakteur geblieben. Auf seinen säuerlichen Charme können wir im Stück einfach nicht verzichten.

Springform: 28 cm Ø
Springform: 26 cm Ø

Wiener Boden:

50 g Butter
100 g Mehl Type 550
110 g Weizenstärkemehl
4 Eier (250 g)
180 g Zucker
1 Prise Salz

Buttermürbeteig:

150 g Butter
75 g Puderzucker
1 Prise Salz
Mark einer ½ Vanilleschote
2 Eigelb (40 g)
230 g Mehl Type 550 oder 1050

Grießcreme:

120 ml Milch
5 TL Zucker (25 g)
abgeriebene Schale einer ½ unbehandelten Zitrone
2 EL Weizengrieß (24 g)
1 Eigelb (18 g)
1 Prise Salz

Belag:

1250 g Boskop-Äpfel
3 EL Zucker (45 g)
1 TL Zimt (2 g)

Sahnecreme:

3 Blatt Gelatine
250 ml Sahne
20 g Weizenstärkemehl
3 EL Zucker (45 g)
Mark einer ½ Vanilleschote
2 Eigelb (36 g)
1 Prise Salz

Zum Verzieren:

3 EL Aprikosenkonfitüre
5 EL gehobelte, geröstete Mandeln (25 g)
2 EL Hagelzucker

1. Für den Wiener Boden eine Springform mit 28 cm Durchmesser mit Backpapier auslegen. Die Butter schmelzen und abkühlen lassen. Mehl und Weizenstärkemehl mischen und sieben.

2. Eier, Zucker und Salz unter Rühren im Wasserbad auf Körpertemperatur bringen. Herausnehmen und weiter schaumig schlagen. Mehl und Weizenstärkemehl vorsichtig untermischen. Zum Schluß die Butter melieren. Die Wiener Masse in die Springform füllen und im vorgeheizten Ofen bei 170 Grad 25-30 Minuten backen. In der Form auskühlen lassen.

3. Für den Buttermürbeteig alle Zutaten, bis auf das Mehl, in kühlem Zustand zu einer glatten Masse verkneten. Dann das Mehl vorsichtig unterarbeiten. Den Teig in Folie wickeln und kühl stellen, am besten über Nacht, dann läßt er sich besser weiterverarbeiten.

4. Eine Springform mit 26 cm Durchmesser mit Backpapier auslegen. Den Mürbeteig 5 mm dick ausrollen. Mit dem Springformrand einen Boden von 26 cm Durchmesser ausstechen, in die Form legen und aus den Teigresten einen 6 cm hohen Rand formen. Den Boden mehrmals mit einer Gabel einstechen.

5. Vom Wiener Boden einen Boden von 1 cm Stärke abschneiden, auf den Mürbeteig legen und in einen Tortenring oder Springformrand einpassen.

6. Für die Grießcreme alle Zutaten unter ständigem Rühren zum Kochen bringen. Wenn die Creme anzieht, vom Herd nehmen und sofort auf dem Wiener Boden in der Springform verstreichen.

7. Die Äpfel schälen, halbieren, vom Kerngehäuse befreien und mit der Wölbung nach oben möglichst dicht auf die Grießcreme legen. Mit Zimt gemischten Zucker darüberstreuen.

8. Die Gelatine für die Sahnecreme einweichen. Alle übrigen Zutaten unter Rühren so lange erhitzen, bis die Creme bindet. Die Gelatine gut ausdrücken und in der heißen Creme auflösen. Die Masse über die Äpfel gießen und dabei alle Zwischenräume auffüllen. Die Wölbungen der Äpfel sollten noch aus der Creme ragen.

9. Die Schwäbische Apfeltorte im vorgeheizten Ofen bei 170 Grad ca. 45 Minuten backen. In der Form abkühlen lassen.

10. Nach dem Erkalten die Apfelkuppeln aprikotieren. Die Torte mit Mandeln und Hagelzucker bestreuen und erst zum Schluß aus dem Ring schneiden.

Tip: Der übrige Wiener Boden kann für viele andere Torten in diesem Buch verwendet werden. Zur Aufbewahrung läßt er sich gut einfrieren.

KÄSETORTE

Springform: 28 cm Ø

Buttermürbeteig:

90 g Butter
45 g Puderzucker
1 Prise Salz
Mark einer ½ Vanilleschote
1 Eigelb (18 g)
135 g Mehl Type 550

Quarkmasse:

650 g Speisequark
2 Prisen Salz
125 g Mehl Type 550 oder 1050
abgeriebene Schale einer unbehandelten Zitrone
6 Eigelb (100 g)
5 Eiweiß (180 g)
125 g Zucker
500 ml Milch

1. Butter, Puderzucker, Salz, Vanillemark und Eigelb in kühlem Zustand zu einer glatten Masse verkneten. Dann das Mehl vorsichtig unterarbeiten. Den Teig in Folie wickeln und kühl stellen, am besten über Nacht, dann läßt er sich besser weiterverarbeiten.
2. Den Springformboden fetten und mit Backpapier auslegen. Darauf den Mürbeteig 3 mm dick ausrollen und mehrmals mit der Gabel einstechen. Den Springformrand umlegen, schließen und den Boden ca. 10 Minuten im vorgeheizten Ofen bei 180 Grad vorbacken.
3. Für die Quarkmasse den Speisequark mit Salz, Mehl und Zitronenschale verrühren. Das Eigelb zugeben und weiterrühren, bis sich die Masse vom Schüsselrand löst. Eiweiß und Zucker zu cremigem Schnee aufschlagen. Die Milch auf die Quarkmasse gießen und zusammen mit einem Drittel des Eischnees angleichen. Den restlichen Eischnee untermelieren. Die Käsemasse muß eine cremige, nicht zu flüssige und nicht zu feste Konsistenz haben; eventuell mit Quark oder Milch ausgleichen.
4. Die Quarkmasse auf den Mürbeteigboden geben und die Torte im vorgeheizten Ofen bei 180 Grad 65-75 Minuten backen. Die Torte mit Pergament abdecken, damit die Oberfläche nicht zu stark bräunt. Kommt der Rand der Torte nicht hoch, muß er während des Backens mit einem Messer vom Springformrand gelöst werden.

FRÜCHTEKRANZ

Springform: 26 cm Ø
Gugelhupfform: 26 cm Ø

Buttermürbeteig:

60 g Butter
3 EL Puderzucker (30 g)
1 Prise Salz
Mark einer ½ Vanilleschote
1 Eigelb (18 g)
90 g Mehl Type 550

Gelee:

12 Blatt Gelatine
500 ml Wein
200 ml klarer Apfelsaft
200 g Zucker

Früchte:

etwa 750 g vorbereitete Früchte der Saison

Garnierung:

etwas geschlagene Sahne

1. Butter, Puderzucker, Salz, Vanillemark und Eigelb zu einer glatten Masse verkneten. Mehl zum Schluß vorsichtig unterarbeiten. Den Teig kalt stellen, am besten über Nacht, dann läßt er sich besser weiterverarbeiten.
2. Den Boden einer Springform fetten und den Teig darauf ausrollen. Im vorgeheizten Backofen bei 160 Grad ca. 20 Minuten backen.
3. Den Boden auskühlen lassen.
4. Gelatine einweichen. Wein, Apfelsaft und Zukker aufkochen. Die ausgedrückte Gelatine darin auflösen und einen Spiegel in eine Gugelhupfform gießen. Erstarren lassen.
5. Einige gut abgetrocknete Früchte auf dem Geleespiegel verteilen, mit etwas Gelatineflüssigkeit bedecken und wieder erstarren lassen.
6. Diesen Vorgang wiederholen bis Früchte und Fruchtsaft verbraucht sind. Die Form einige Stunden kalt stellen, bis die Flüssigkeit angezogen hat und durchgekühlt ist.
7. Den Mürbeteigboden auf das Gelee legen, die Form kurz in heißes Wasser tauchen und auf einen Teller stürzen. Den Rand mit Sahnetupfern garnieren.

Tip: Der Früchtekranz wird üppiger, wenn man den Mürbeteigboden mit aufgelöster Kuvertüre bestreicht und zusätzlich einen dünnen Wiener Boden auflegt.

HÜTTENKÄSETORTE

Springform: 28 cm Ø
Springform: 26 cm Ø

Wiener Boden:

50 g Butter
100 g Mehl Type 550
110 g Weizenstärkemehl
4 Eier (250 g)
180 g Zucker
1 Prise Salz

Buttermürbeteig:

60 g Butter
3 EL Puderzucker (30 g)
1 Prise Salz
Mark einer ½ Vanilleschote
1 Eigelb (18 g)
90 g Mehl Type 550 oder 1050

Baiserbrösel:

3 Eiweiß (100 g)
300 g feiner Zucker

Zum Bestreichen:

80 g Vollmilchkuvertüre

Hüttenkäsesahne:

7 Blatt Gelatine
100 ml Sahne
70 g Zucker
2 EL Zitronensaft
3 Eigelb (60 g)
200 g Hüttenkäse
100 g Magerquark
400 ml geschlagene Sahne

1.-4. am Vortag.

1. Für den Wiener Boden eine Springform mit 28 cm Durchmesser mit Backpapier auslegen. Die Butter zerlassen und abkühlen lassen. Mehl und Weizenstärkemehl mischen und sieben.

2. Eier, Zucker und Salz unter Rühren im Wasserbad auf Körpertemperatur bringen. Herausnehmen und weiter schaumig schlagen. Das Mehl-Stärkegemisch vorsichtig untermengen. Zum Schluß die Butter melieren. Die Wiener Masse in die Springform füllen und im vorgeheizten Ofen bei 170 Grad 25-30 Minuten backen. In der Form auskühlen lassen.

3. Für den Buttermürbeteig alle Zutaten, bis auf das Mehl, in kühlem Zustand zu einer glatten Masse verkneten. Dann das Mehl vorsichtig unterarbeiten. Den Teig in Folie wickeln und über Nacht kühl stellen.

4. Für die Baiserbrösel Eiweiß und Zucker im Wasserbad lauwarm aufschlagen. Aus dem Wasser nehmen und zu festem Schnee aufschlagen. Die Masse auf ein mit Backpapier ausgelegtes Blech streichen und bei 80-90 Grad 4-5 Stunden trocknen lassen. Erkaltet durch ein sehr grobes Sieb drükken oder mit der Hand zerbröseln.

5. Am nächsten Tag den Mürbeteig auf 3 mm ausrollen. Mit dem Springformrand einen Boden von 26 cm Durchmesser ausstechen. Die Springform mit Backpapier auslegen, den Boden einlegen und mehrmals mit einer Gabel einstechen. Im vorgeheizten Backofen bei 160 Grad 20 Minuten backen.

6. Die Vollmilchkuvertüre auflösen und auf den erkalteten Mürbeteigboden streichen. Den Wiener Boden in der Mitte durchschneiden, eine Hälfte auf den Mürbeteigboden legen und beides in einen Tortenring oder Springformrand einpassen. Von der zweiten Hälfte des Wiener Bodens einen möglichst dünnen Boden abschneiden und rundherum um 1 cm verkleinern.

7. Die Gelatine für die Hüttenkäsesahne einweichen. Sahne und Zucker aufkochen. Den Zitronensaft zufügen und mit dem Eigelb zur Rose abziehen. In eine kalte Schüssel umfüllen. Die ausgedrückte Gelatine unterrühren. Danach den Hüttenkäse und den Quark unterziehen. Die geschlagene Sahne vorsichtig untermelieren und die Hälfte der Masse glatt in den Tortenring streichen. Den dünnen Wiener Boden als Zwischenboden einlegen und die restliche Creme einfüllen. Die Tortenoberfläche mit einer Palette glätten. Die Hüttenkäsetorte 2-3 Stunden gut durchkühlen lassen. Anschließend aus dem Ring lösen und mit den Baiserbröseln bestreuen.

Tip: Den übrigen Wiener Boden einfrieren oder z.B. für eine Schwäbische Apfeltorte verwenden.

GRAPEFRUITTORTE

Dies ist das Bemühen um eine Ehrenrettung. Viel zu selten ließen sich die Kuchenkünstler in der Vergangenheit von der Grapefruit inspirieren. Das mag auch an ihrem ausgeprägten Charakter gelegen haben. Breitgefächert zeigt sie nun oben, was wir entbehren mußten. Also: Schluß mit dem Tabu.

Springform: 26 cm Ø

Buttermürbeteigboden:

60 g Butter
3 EL Puderzucker (30 g)
1 Prise Salz
Mark einer ½ Vanilleschote
1 Eigelb (18 g)
90 g Mehl Type 550 oder 1050

Zum Bestreichen:

50 g Vollmilchkuvertüre

Marzipankakaoboden:

110 g Marzipanrohmasse
1 EL Wasser (15 ml)
3 Eigelb (55 g)
1 Prise Zimt
1 Prise Salz
25 g Mehl Type 550
30 g Kakao
4 EL Biskuitbrösel (16 g)
3 Eiweiß (90 g)
50 g Zucker

Vanillecreme:

150 ml Milch
50 ml Sahne
2 EL Zucker (30 g)
1 Prise Salz
Mark einer ½ Vanilleschote
3 EL Milch (45 ml)
15 g Weizenstärkemehl
1 Eigelb (18 g)

Zum Bestreuen:

50 g Biskuitbrösel

Zum Belegen:

5-8 rötliche Grapefruits oder Apfelsinen

Zum Abglänzen der Früchte:

200 ml heller Fruchtsaft oder Wein
100 g Zucker
2 EL Agar-Agar-Flocken (3 g)

1. Für den Buttermürbeteigboden alle Zutaten, bis auf das Mehl, zu einer glatten Masse verkneten.
2. Zum Schluß das Mehl vorsichtig unterarbeiten. Den Teig kalt stellen, am besten über Nacht, dann läßt er sich besser weiterverarbeiten.
3. Buttermürbeteig 3 mm dick auf einem gefetteten Springformboden ausrollen und im vorgeheizten Backofen bei 160 Grad ca. 20 Minuten backen.
4. Für den Marzipankakaoboden das Marzipan, Wasser, Eigelb, Zimt und Salz schaumig rühren. Das Mehl mit Kakao und Bröseln vermischen. Eiweiß und Zucker zu cremigem Schnee aufschlagen. Die Hälfte des Eischnees unter die Eigelbmasse heben, dann mit dem restlichen Eischnee und dem Mehl-Kakaogemisch vorsichtig melieren.
5. Eine Springform mit Backpapier auslegen. Den Teig aufstreichen und im vorgeheizten Backofen bei 190 Grad ca. 10-12 Minuten backen.
6. Die Böden auskühlen lassen. Buttermürbeteig in einen Tortenring oder einen Springformrand einpassen und mit aufgelöster Kuvertüre bestreichen. Den Mandelkakaoboden auflegen.
7. Für die Vanillecreme Milch, Sahne, Zucker, Salz und Vanillemark zum Kochen bringen. Milch, Weizenstärkemehl und Eigelb gut vermengen. Die Milch von der Herdplatte nehmen und mit der angerührten Masse schnell verschlagen. Unter ständigem Rühren kurz wieder erhitzen und zur Rose abziehen.
8. Die heiße Creme gleichmäßig auf dem Boden verstreichen. Die Biskuitbrösel auf der ausgekühlten Creme verteilen.
9. Die Grapefruits (Apfelsinen) mit einem Messer schälen und Filets heraustrennen. Den abtropfenden Saft auffangen und zum Abglänzen der Fruchtfilets aufbewahren.
10. Die Filets mit Küchenkrepp trockentupfen, dann kranzförmig und leicht überlappend auf die Creme legen.
11. Aufgefangenen Grapefruit- oder Apfelsinensaft mit Wein oder hellem Fruchtsaft auf 200 ml auffüllen, mit Zucker sowie Agar-Agar mischen und aufkochen. Unter Rühren bei schwacher Hitze 3 Minuten köcheln lassen. Wenn die Flüssigkeit andickt, mit einem Pinsel vorsichtig auf den Filets verteilen.

BIRNEN-RIESLING-TORTE

Springform: 24 cm Ø
Springform: 26 cm Ø

Wiener Boden:

50 g Butter
100 g Mehl Type 550
110 g Weizenstärkemehl
4 Eier (250 g)
180 g Zucker
1 Prise Salz

Buttermürbeteig:

60 g Butter
3 EL Puderzucker (30 g)
1 Prise Salz
Mark einer ½ Vanilleschote
1 Eigelb (18 g)
90 g Mehl Type 550

Makronenmasse:

450 g Marzipanrohmasse
3 Eigelb (45 g)
90 g Puderzucker
1 Prise Salz
etwas abgeriebene Schale einer unbehandelten Zitrone

Zum Bestreichen:

50 g Vollmilchkuvertüre

Belag:

6 Williamsbirnen
300 ml Riesling-Wein
Saft einer halben Zitrone
4 EL Zucker (60 g)

Riesling-Sahne:

5 Blatt Gelatine
100 ml Riesling-Wein
100 g Zucker
5 Eigelb (90 g)
3 EL Birnengeist (45 ml)
350 ml geschlagene Sahne

Gelee zum Abglänzen:

65 g Zucker
2 EL Agar-Agar-Flocken (3 g)
200 ml Birnensaft oder Wein

Zum Aprikotieren:

100 g Aprikosenkonfitüre

1. Für den Wiener Boden eine Springform mit 24 cm Ø mit Backpapier auslegen. Die Butter schmelzen und abkühlen lassen. Mehl und Weizenstärkemehl mischen und sieben.

2. Eier, Zucker und Salz unter Rühren im Wasserbad auf Körpertemperatur bringen. Herausnehmen und weiter schaumig schlagen. Mehl und Stärke vorsichtig unterheben. Zum Schluß die Butter melieren. Die Wiener Masse in die Springform füllen und im vorgeheizten Ofen bei 170 Grad ca. 30 Minuten backen. In der Form auskühlen lassen.

3. Für den Buttermürbeteig alle Zutaten, bis auf das Mehl, in kühlem Zustand zu einer glatten Masse verkneten. Dann das Mehl vorsichtig unterarbeiten. Den Teig in Folie wickeln und kühl stellen, am besten über Nacht, dann läßt er sich besser weiterverarbeiten.

4. Für die Makronenringe die Marzipanrohmasse mit dem Eigelb glattarbeiten. Puderzucker sieben und zusammen mit dem Salz und der Zitronenschale unterkneten. Die fertige Masse in einen Spritzbeutel mit großer Lochtülle geben. Mit einem Tortenring und einem Bleistift 4-5 Ringe (26 cm Ø) auf Backpapier zeichnen. Die Makronenmasse entlang der Linien aufdressieren.
Das Aufspritzen dieser Makronenmasse erfordert sehr viel Kraft, doch wenn die Masse zu dünn ist, läuft sie beim Backen auseinander. Den Schluß eines jeden Ringes paßgenau abschneiden und ansetzen. Die Ringe im vorgeheizten Backofen bei 160 Grad 12-15 Minuten abbacken, bis sie goldgelb sind.

5. Den Mürbeteig ausrollen und mit dem Springformrand einen Boden von 26 cm Durchmesser ausstechen. Die Springform mit Backpapier auslegen und den Mürbeteigboden einlegen; mehrmals mit einer Gabel einstechen und im vorgeheizten Ofen bei 160 Grad 20 Minuten backen.

6. Die Kuvertüre auflösen und auf den ausgekühlten Mürbeteigboden streichen. Die abgekühlten Makronenringe übereinander als Rand auf den Boden legen. Den Wiener Boden halbieren. Aus der einen Hälfte noch einmal zwei dünne Böden schneiden und auf 22 cm Durchmesser verkleinern. Einen Boden in den Makronenrand einpassen.

7. Für den Belag die Birnen schälen, vierteln und vom Kerngehäuse befreien. Wein, Zitronensaft und Zucker kurz aufkochen. Die Birnen dazugeben; den Topf vom Herd nehmen und die Birnen so lange ziehen lassen, bis sie weich aber noch schnittfest sind. Die Früchte aus dem Sud nehmen, kalt abschrecken und abtropfen lassen.

8. Für die Riesling-Sahnecreme die Gelatine einweichen. Wein und Zucker aufkochen und mit dem Eigelb zur Rose abziehen. Die Creme in eine kalte Schüssel umfüllen, die gut ausgedrückte Gelatine einrühren und abkühlen lassen. Den Birnengeist zugeben und die geschlagene Sahne unterheben.

9. Die Creme so in den Makronenring füllen, daß bis zum obersten Rand der Makronenringe noch ca. 1 cm Freiraum ist. Etwas Sahnecreme zurückbehalten. Den zweiten Wiener Boden einpassen und die restliche Creme darauf verstreichen.

10. Die Birnen mit einem scharfen Messer (keine Säge!) in dünne Scheiben schneiden und kreisförmig auflegen.

11. Für das Gelee Zucker und Agar-Agar mischen und in den Saft einrühren. Zum Kochen bringen und unter Rühren bei schwacher Hitze 3 Minuten köcheln. Abkühlen lassen. Sobald die Flüssigkeit anzieht, die Birnen damit oberflächenschließend abglänzen. Die Torte für zwei Stunden kühl stellen.

12. Den Makronenrand kurz vor dem Servieren mit heißer Konfitüre aprikotieren.

Tip: Der übrige Wiener Boden kann für alle weiteren Torten mit Wiener Boden verwendet werden, zum Beispiel für die Kirschtorte, die Hüttenkäsetorte, die Schwäbische Apfeltorte etc. Wenn er nicht sofort weiterverarbeitet werden soll, kann er auch sehr gut eingefroren werden.

TIPS & TRICKS

VORBEREITEN DER FRÜCHTE

1. Um Filets von Orangen, Grapefruits oder anderen Zitrusfrüchten herzustellen, müssen die Früchte erst von Schale und Haut befreit werden. Zuerst schneidet man die Kuppen ab, stellt die Frucht auf ein Schneidbrett und führt das Messer der Fruchtform folgend von oben nach unten.

2. Über einer Schüssel werden die einzelnen Segmente mit einem scharfen Messer zwischen den Häutchen herausgeschnitten. An einem Filet dürfen keine Hautreste mehr zu sehen sein.

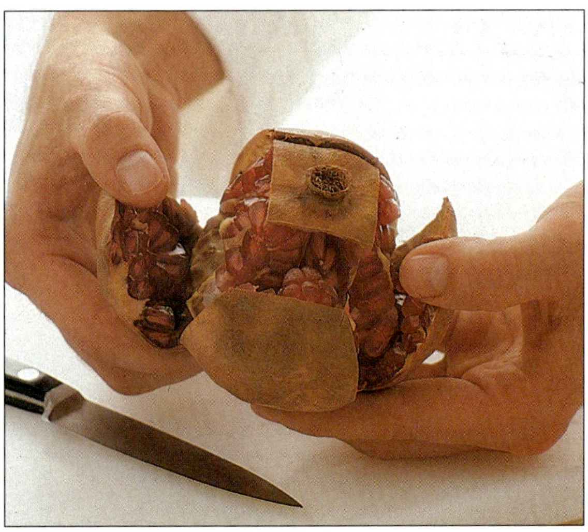

Zum Öffnen eines Granatapfels schneidet man ihn an der Kappe quadratförmig ein und bricht die Frucht auf.

Um gleichmäßige Scheiben zu erhalten, werden bei Kiwis die Kappen gerade abgeschnitten. Anschließend mit einem Sparschäler die Haut entfernen.

VORBEREITEN VON OBSTTORTEN MIT MÜRBETEIGRAND

1. Obsttorten, bei denen der Belag mitgebacken wird, benötigen einen Rand aus Mürbeteig. Dazu rollt man zunächst den Mürbeteig aus und sticht mit einem Tortenring oder Springformrand einen Boden aus. Den restlichen Teig rollt man zu einem langen, schmalen Stück aus und schneidet einen Streifen heraus, der in Höhe und Länge dem Tortenring entspricht. Dann wird der Streifen aufgerollt, in den Ring gestellt und mit leichtem Druck an den Ring und gegen den Boden abgerollt.

2. In diese Mürbeteigform wird ein fertig gebackener und zurechtgeschnittener Wiener Boden eingelegt. Durch ihn kann vermieden werden, daß nach Ende der Backzeit der Belag gar, doch der Boden noch ungebacken ist.

OBSTTORTENBÖDEN MIT KUVERTÜRE BESTREICHEN

Bevor Obsttorten oder Torteletts mit Früchten belegt werden, bestreicht man den Mürbeteigboden mit aufgelöster Kuvertüre. Sie bildet eine geschlossene Schicht, durch die keine Flüssigkeit dringen kann. So bleibt der Boden schön knusprig.

SAHNETORTEN

COINTREAU-TRÜFFEL-TORTE

Springform: 28 cm Ø

Boden:

40 g Mehl Type 550
30 g Kakaopulver
7 Eigelb (120 g)
2 EL Zucker (30 g)
3 EL Wasser (45 ml)
3 Eiweiß (110 g)
100 g Zucker

Läuterzucker:

120 g Zucker
70 ml Wasser

Schokoladensahne:

200 g Halbbitterkuvertüre
150 ml Läuterzucker
200 g geschlagene Sahne

Cointreausahne:

3 Blatt Gelatine
2 Eigelb (40 g)
2 EL Läuterzucker (30 ml)
300 ml geschlagene Sahne
70 ml Cointreau

Decke:

1 Wiener Boden (26 cm Ø, 3-4 mm dick)

Zum Bestäuben:

etwas Kakaopulver

1. Eine Springform mit Backpapier auslegen. Mehl und Kakaopulver mischen und sieben. Eigelb, Zucker und Wasser schaumig rühren. Eiweiß und Zucker zu cremigem Schnee aufschlagen. Ein Drittel davon zu der Eigelbmasse geben und angleichen. Den Rest zusammen mit dem Mehl-Kakaogemisch unterheben. Die Masse in die Springform füllen und im vorgeheizten Ofen bei 160 Grad 20-25 Minuten backen. Den Boden abkühlen lassen, aus der Form nehmen und in einen Tortenring mit 26 cm Durchmesser einpassen.

2. Für den Läuterzucker Zucker und Wasser unter Rühren aufkochen und so lange köcheln lassen, bis sich der Zucker völlig gelöst hat. Anschließend abkühlen lassen. 2 EL Läuterzucker für die Cointreausahne abnehmen.

3. Die Kuvertüre für die Schokoladensahne auflösen. Den annähernd gleichwarmen – eher etwas kälteren – Läuterzucker in drei Portionen zugeben und jeweils mit den Schneebesen eines elektrischen Handrührgerätes unterrühren. Ein Viertel der geschlagenen Sahne zugeben und angleichen. Den Rest vorsichtig, aber zügig unterziehen. Die Schokoladensahne glatt auf den Tortenboden streichen. Den Tortenring mit Küchenkrepp säubern.

4. Die Gelatine für die Cointreausahne einweichen. Eigelb und Läuterzucker schaumig rühren. Ein Drittel der geschlagenen Sahne unterheben. Cointreau und die im Wasserbad aufgelöste Gelatine zugeben. Die restliche Sahne unterziehen, in den Tortenring füllen und mit einer Winkelpalette glattstreichen. Den Wiener Boden auflegen und andrücken. Kurz vor dem Servieren in Stücke schneiden und erst dann mit etwas Kakaopulver bestäuben. Eiskalt, jedoch nicht gefroren, schmeckt die Torte am besten.

PREISELBEER-VANILLE-SAHNETORTE

Springform: 26 cm Ø
Springform: 28 cm Ø

Wiener Boden:

50 g Butter
100 g Mehl Type 550
110 g Weizenstärkemehl
4 Eier (250 g)
180 g Zucker
1 Prise Salz

Buttermürbeteigboden:

60 g Butter
3 EL Puderzucker (30 g)
1 Prise Salz
Mark einer ½ Vanilleschote
1 Eigelb (18 g)
90 g Mehl Type 550 oder 1050

Zum Bestreichen:

50 g Vollmilchkuvertüre

Preiselbeerkompott:

365 g Preiselbeeren
135 g Zucker

Vanillesahne:

40 ml Milch
60 g Zucker
Mark einer ½ Vanilleschote
3 Eigelb (50 g)
4 Blatt Gelatine
400 ml Sahne

Zum Verzieren:

150 g Preiselbeeren

Geleeguß:

250 ml heller, klarer Fruchtsaft oder Wein
2 EL Agar-Agar-Flocken (3 g)
2 TL Zucker (10 g)

1. Butter zerlassen. Mehl und Weizenstärkemehl mischen und sieben. Eier, Zucker und Salz unter Rühren im Wasserbad auf Körpertemperatur bringen, herausnehmen und weiter schaumig schlagen. Das Mehl-Stärkegemisch vorsichtig unter die Eimasse melieren, danach die abgekühlte Butter untermelieren. Den Boden einer Springform mit Backpapier auslegen und die Masse einfüllen. Im vorgeheizten Ofen bei 170 Grad ca. 25-30 Minuten backen. In der Form auskühlen lassen.
2. Für den Buttermürbeteig alle Zutaten, bis auf das Mehl, in kühlem Zustand zu einer glatten Masse verkneten. Dann das Mehl unterarbeiten. Den Teig ausrollen und mit dem Springformrand einen Boden von 26 cm Durchmesser ausstechen. Die Springform mit Backpapier auslegen, den Boden einlegen und mehrmals mit einer Gabel einstechen. Im vorgeheizten Backofen bei 160 Grad 20 Minuten backen.
3. Den ausgekühlten Mürbeteigboden mit aufgelöster Kuvertüre bestreichen und in einen Tortenring oder Springformrand einpassen.
4. Vom Wiener Boden einen 1 cm dicken Boden abschneiden und auf den Mürbeteigboden legen. Einen zweiten, möglichst dünnen Boden schneiden und rundherum um 1 cm verkleinern.
5. Für das Kompott zwei Drittel der Preiselbeeren mit dem Zucker aufkochen und 2 Minuten sprudelnd kochen lassen. Von der Herdplatte nehmen und die restlichen Preiselbeeren vorsichtig unterrühren. Das ausgekühlte Kompott auf den Wiener Boden im Tortenring streichen.
6. Milch, Zucker und Vanillemark im Wasserbad erhitzen und mit Eigelb zur Rose abziehen. Die eingeweichte, gut ausgedrückte Gelatine unterrühren. Die Sahne cremig aufschlagen und ein Viertel davon unter die auf ca. 26 Grad abgekühlte Creme rühren. Dann den Rest der Sahne vorsichtig untermelieren.
7. Die Hälfte der Vanillesahne auf das Kompott im Tortenring streichen und den dünnen Wiener Boden auflegen. Den Rest der Sahne einfüllen und glattstreichen. 150 g Preiselbeeren auf der Torte verteilen.
8. Für den Geleeguß den Saft, Agar-Agar und Zucker aufkochen und unter ständigem Rühren bei geringer Hitze 3 Minuten köcheln lassen. Vor der Verwendung ziemlich abkühlen lassen, dann gleichmäßig über die Früchte gießen.
Die Torte für 2-3 Stunden in den Kühlschrank stellen.
9. Ist der Guß fest, wird der Tortenring mit einem geraden Messer gelöst und abgehoben.

Tip: Den übriggebliebenen Wiener Boden für spätere Gelgenheiten einfrieren oder z.B. für eine Zitronen-Sahnetorte verwenden.

TIRAMI SU

Variabler Metallrahmen: 25 x 31 cm

Genfer Böden:

50 g Butter
35 g Mehl Type 550
35 g Weizenstärkemehl
3 Eigelb (50 g)
3 Eiweiß (100 g)
50 g Fruchtzucker

Mascarponecreme:

80 ml Sahne
5 Eigelb (90 g)
120 g Zucker
500 g Mascarpone
3 Blatt Gelatine

Zum Tränken:

50 ml starker Espresso
50 ml Kaffeelikör

Zum Bestäuben:

Kakaopulver

1. Butter schmelzen. Mehl und Weizenstärkemehl mischen und sieben. Eigelb schaumig schlagen. Eiweiß und Fruchtzucker vorsichtig zu cremigem Schnee aufschlagen. Ein Viertel des Eischnees unter das schaumige Eigelb rühren. Dann den restlichen Eischnee zusammen mit dem Mehl-Stärkegemisch untermelieren. Zuletzt die abgekühlte, flüssige Butter melieren.

2. Ein Backblech mit Backpapier auslegen, einen Metallrahmen auf 25 x 31 cm einstellen, auf das Backpapier setzen und die Hälfte des Teiges darin glattstreichen. Im vorgeheizten Ofen bei 170 Grad ca.14-16 Minuten backen. Danach die zweite Hälfte abbacken. Die fertigen Böden auf ein Kuchengitter stürzen und vorsichtig das Backpapier abziehen. Auskühlen lassen.

3. Die Sahne für die Mascarponecreme aufschlagen. Eigelb und Zucker zu einer schaumigen Masse schlagen. Mascarpone mit einem Viertel der Eigelbmasse glattrühren, dann den Rest untermischen. Die eingeweichte, gut ausgedrückte Gelatine im Wasserbad auflösen und vorsichtig unterziehen. Zum Schluß vorsichtig die geschlagene Sahne unterheben.

4. Einen Boden in den Metallrahmen (24 x 30 cm) einpassen und mit einem Drittel der Tränke beträufeln. Die Hälfte der Mascarponecreme einfüllen, glattstreichen und den zweiten Boden (Maße: 23 x 29 cm) auflegen. Mit dem Rest der Tränke beträufeln und etwas einziehen lassen. Mit Mascarponecreme auffüllen, glattstreichen und in den Kühlschrank stellen.

5. Nach 2-3 Stunden den Metallrahmen mit einem geraden Messer lösen und abheben. Kurz vor dem Servieren das Kakaopulver durch ein feines Sieb aufstäuben.

1.

2.

3.

1. FRANZÖSISCHE WALNUSSTORTE

(Foto oben)

Springform: 26 cm Ø

Walnußboden:

4 Eier (260 g)
185 g Zucker
1 Prise Salz
1 Prise Zimt
Mark einer ¼ Vanilleschote
50 g sehr feine Biskuitbrösel
140 g gemahlene Walnüsse
4 TL Erdnuß- oder Sonnenblumenöl (16 ml)
35 g Butter

Schokoladensahne:

400 ml Sahne
1 Prise Salz
¼ Vanilleschote
40 g gehackte Vollmilchkuvertüre

Garnierung:

100 g Vollmilchkuvertüre

1. Die Eier, Zucker, Salz, Zimt und Vanillemark sehr stark aufschlagen (fester Stand der Masse). Die Biskuitbrösel und Walnüsse vermischen. Öl erwärmen, Butter schmelzen. Die Eimasse gleichmäßig mit dem Nuß-Bröselgemisch melieren, zum Schluß das Öl und die nicht zu heiße Butter unterheben.
2. Eine Springform mit Backpapier auslegen und die Walnußmasse einfüllen. Im vorgeheizten Backofen bei 180 Grad ca. 20 Minuten backen.
3. Den ausgekühlten Boden in einen Tortenring oder Springformrand einpassen.
4. Für die Schokoladensahne Sahne, Salz und Vanilleschote erhitzen. Von der Herdplatte nehmen und die Vanilleschote herausnehmen. Das Mark herausschaben, in die Sahne zurückgeben und aufkochen. Dann die gehackte Kuvertüre völlig darin auflösen. Die Schokoladensahne über Nacht sehr kalt stellen.
5. Die Schokoladensahne schaumig schlagen und auf den Walnußboden streichen. Die Torte 2-3 Stunden sehr kalt stellen.
6. Die Kuvertüre temperieren und auf eine glatte, rechteckige Platte streichen. Bei Zimmertemperatur fast fest, aber nicht hart werden lassen. Dann mit einem Metallspachtel schnell und ruckartig von der Platte schieben.
7. Die Torte aus dem Ring nehmen und mit den Kuvertürespänen garnieren.

2. SCHÖPPENSTEDTER SAHNETORTE

(Foto Seite 80, Mitte)

Springform: 28 cm Ø

Buttermürbeteigboden:

60 g Butter
3 EL Puderzucker (30 g)
1 Prise Salz
Mark einer ½ Vanilleschote
1 Eigelb (18 g)
90 g Mehl Type 550 oder 1050

Schöppenstedter Böden:

40 g Mehl Type 550
40 g Weizenstärkemehl
50 g gemahlene Mandeln
100 g Marzipanrohmasse
4 Eigelb (80 g)
1 TL Zimt (2 g)
2 Prisen Salz
4 Eiweiß (145 g)
110 g Zucker

Zum Bestreichen:

50 g Vollmilchkuvertüre

Vanillecreme:

300 ml Milch
40 g Zucker
1 Prise Salz
eine ½ Vanilleschote
18 g Weizenstärkemehl
2 Eigelb (30 g)

Schokocreme:

300 ml Milch
40 g Zucker
1 Prise Salz
18 g Weizenstärkemehl
2 EL Kakaopulver (12 g)
1 Eigelb (20 g)

Schöppenstedter Sahne:

50 g Haselnuß-Nougat, dunkel
3 Blatt Gelatine
2 EL Milch (30 ml)
350 ml Sahne

Zum Verzieren:

100 g Vollmilchkuvertüre

1. Für den Mürbeteig alle Zutaten, bis auf das Mehl, in kaltem Zustand zu einem glatten Teig verkneten. Dann das Mehl vorsichtig unterarbeiten. Den Teig in Folie wickeln und kühl stellen, am besten über Nacht, dann läßt er sich besser weiterverarbeiten.
2. Mehl und Weizenstärkemehl sieben und mit den Mandeln vermengen. Die Marzipanrohmasse mit Eigelb, Zimt und Salz schaumig rühren. Eiweiß und Zucker zu cremigem Schnee aufschlagen. Ein Viertel des Eischnees mit der Marzipanmasse angleichen, dann den restlichen Eischnee vorsichtig untermelieren. Zum Schluß das Mehl-Stärke-Mandelgemisch melieren.
3. Aus der Masse drei Böden backen. Dafür jeweils den Boden einer Springform mit Backpapier auslegen und ein Drittel des Teiges einfüllen. Im vorgeheizten Ofen bei 160 Grad ca. 18-20 Minuten backen. Die fertigen Böden jeweils aus der Form schneiden, auf ein Kuchengitter stürzen und auskühlen lassen. Vorsichtig das Backpapier abziehen.
4. Den Mürbeteig ausrollen, mit einem Springformrand einen Boden von 26 cm Durchmesser ausstechen, in eine mit Backpapier ausgelegte Springform legen und mehrmals mit einer Gabel einstechen. Im vorgeheizten Backofen bei 160 Grad ca. 20 Minuten backen.
5. Den ausgekühlten Mürbeteig mit aufgelöster Kuvertüre bestreichen und einen Schöppenstedter Boden darauflegen. Die Böden zusammen in einen Tortenring (26 cm) einpassen.
6. Für die Vanillecreme 250 ml der Milch mit Zukker, Salz und der aufgeschnittenen Vanilleschote aufkochen. Kurz vor dem Siedepunkt die Vanilleschote herausnehmen, das Mark herausschaben und in die Milch geben. Weizenstärkemehl mit dem Eigelb und der restlichen Milch verrühren. Unter Rühren in die kochende Milch gießen. Die Creme vom Herd nehmen und sofort auf den im Tortenring liegenden Boden streichen. Einen zweiten Boden auflegen.
7. Für die Schokocreme 250 ml Milch mit Zucker und Salz aufkochen. Weizenstärkemehl und Kakaopulver mit dem Eigelb und der restlichen Milch verrühren. In die kochende Milch geben und unter Rühren zu einer Creme abbinden. Die Creme vom Herd nehmen und sofort auf den zweiten Boden streichen. Den dritten Boden auflegen und die Torte für 2 - 3 Stunden kühl stellen.
8. Für die Schöppenstedter Sahne Nougat im Wasserbad verflüssigen. Die Gelatine einweichen, ausdrücken, auflösen und mit dem Nougat verrühren. Dann mit der ein wenig erwärmten Milch vorsichtig glattrühren. Nougat, Gelatine und Milch sollten annähernd die gleiche Temperatur haben, damit es eine gleichmäßige, glatte Konsistenz gibt. Die Sahne cremig aufschlagen. Ein Viertel davon in die etwas abgekühlte Nougatmasse geben und angleichen. Dann den Rest der Sahne vorsichtig untermelieren. Schöppenstedter Sahne auf die Torte streichen. Kühl stellen.
9. Für die Herstellung von Schokospänen die Vollmilchkuvertüre temperieren. Auf eine glatte Platte streichen und bei Zimmertemperatur fest, aber nicht hart werden lassen. Mit einem Metallspachtel schnell und ruckartig von der Platte schieben.
10. Ist die Sahne angezogen, werden die Schokospäne darauf verteilt. Den Tortenring mit einem geraden Messer lösen und vorsichtig nach oben abziehen.

3. JAMAICA-SAHNETORTE

(Foto Seite 80, unten)

Springform: 26 cm Ø
Springform: 28 cm Ø

Buttermürbeteigboden:

60 g Butter
3 EL Puderzucker (30 g)
1 Prise Salz
Mark einer ½ Vanilleschote
1 Eigelb (18 g)
90 g Mehl Type 550 oder 1050

Wiener Boden:

50 g Butter
100 g Mehl Type 550
90 g Weizenstärkemehl
30 g Kakaopulver
4 Eier (250 g)
180 g Zucker
1 Prise Salz

Zum Bestreichen:

50 g Vollmilchkuvertüre

Birnen:

3 Birnen
Saft einer Zitrone
100 ml Wasser
2 EL Zucker (30 g)
4 TL Jamaica-Rum (20 ml)

Jamaica-Sahne:

45 g Halbbitterkuvertüre
3 ½ Blatt Gelatine
3 EL Jamaica-Rum (45 ml)
60 g Zucker
600 ml Sahne

Zum Verzieren:

100 g Halbbitterkuvertüre

1. Für den Mürbeteig alle Zutaten, bis auf das Mehl, in kaltem Zustand zu einer glatten Masse verkneten. Dann das Mehl vorsichtig unterarbeiten. Den Teig in Folie wickeln und kühl stellen, am besten über Nacht, dann läßt er sich besser weiterverarbeiten.
2. Butter schmelzen. Mehl, Weizenstärkemehl und Kakaopulver mischen und sieben. Eier, Zucker und Salz unter Rühren im Wasserbad auf Körpertemperatur bringen. Herausnehmen und weiter schaumig schlagen. Das Mehl-Stärke-Kakaogemisch vorsichtig unter die Eimasse melieren. Zuletzt die flüssige, abgekühlte Butter melieren.
3. Den Boden einer Springform mit Backpapier auslegen und die Wiener Masse einfüllen. Im vorgeheizten Ofen bei 170 Grad ca. 25-30 Minuten backen. In der Form auskühlen lassen.
4. In der Zwischenzeit den Mürbeteig ausrollen, einen Boden von 26 cm Durchmesser ausstechen und in eine mit Backpapier ausgelegte Springform geben. Mehrmals mit einer Gabel einstechen. Im vorgeheizten Backofen bei 160 Grad ca. 20 Minuten backen.
5. Vom ausgekühlten Wiener Boden einen 1 cm dikken Boden abschneiden. Dann einen zweiten, möglichst dünnen Boden schneiden und diesen rundherum um 1 cm verkleinern.
6. Den ausgekühlten Mürbeteigboden mit aufgelöster Kuvertüre bestreichen. Den dicken Wiener Boden darauflegen und in einen Tortenring (26 cm Durchmesser) einpassen.
7. Die Birnen schälen, vom Kerngehäuse befreien und in dünne Spalten schneiden. 14 Spalten für die Garnierung aufbewahren und mit Zitronensaft beträufeln, damit sie nicht braun werden. Wasser, Zucker und Rum erhitzen, die Birnenspalten hinzugeben und bis zum Weichwerden ziehen lassen. In kaltem Wasser abschrecken. Birnenscheiben leicht mit Küchenkrepp abtrocknen und kreisförmig auf den Wiener Boden im Tortenring legen.
8. Für die Jamaica-Sahne die Kuvertüre auflösen. Die Gelatine einweichen, ausdrücken und in die flüssige Kuvertüre einrühren. Rum und Zucker zufügen und glattrühren. Die Sahne cremig aufschlagen und ein Viertel davon vorsichtig unter die Kuvertüremasse mischen. Dann die restliche Sahne unterheben.
9. Die Hälfte der Sahne glatt auf die Birnen streichen und den dünnen Boden auflegen. Die restliche Sahne einfüllen und glattstreichen. Die Torte im Kühlschrank fest werden lassen.
10. Die Kuvertüre zum Verzieren temperieren. Dünn auf eine glatte Platte streichen und bei Zimmertemperatur fest, aber nicht hart werden lassen. Mit einem Metallspachtel die Kuvertüre schnell und ruckartig von der Platte schieben.
11. Den Tortenring mit einem geraden Messer lösen und abheben. Die Torte in 14 Stücke einteilen, die Schokospäne darauf verteilen und jeweils mit einem der zurückbehaltenen Birnenstücke verzieren.

Tip: Der übrige Wiener Boden kann z. B. für eine Schwäbische Apfeltorte verwendet werden. Für längere Aufbewahrung empfiehlt es sich, ihn einzufrieren.

SCHWARZWÄLDER KIRSCHTORTE

Manchmal tun es die Konditoren den Musikern gleich. Sie benutzen Originalkompositionen, um darüber zu improvisieren. Und oft ist dann das Ergebnis interessanter und anregender als die Vorlage. Sozusagen eine kreative Ode an unseren schönen Schwarzwald.

Springform: 26 cm Ø
Springform: 28 cm Ø

Buttermürbeteigboden:

60 g Butter
3 EL Puderzucker (30 g)
1 Prise Salz
Mark einer ½ Vanilleschote
1 Eigelb (18 g)
90 g Mehl Type 550 oder 1050

Wiener Schokoboden:

75 g Butter
110 g Mehl Type 550
90 g Weizenstärkemehl
25 g Kakaopulver
4 Eier (250 g)
180 g Zucker
1 Prise Salz

Zum Bestreichen:

50 g Vollmilchkuvertüre

Kirschbelag:

400 g entkernte Kirschen
100 g Zucker
25 g Weizenstärkemehl

Kirschwassersahne:

4 Blatt Gelatine
2 EL Kirschwasser (30 ml)
50 g Zucker
350 g geschlagene Sahne

Schokosahne:

1½ Blatt Gelatine
15 g Halbbitterkuvertüre
2 TL Kirschwasser (10 ml)
150 g geschlagene Sahne

Zum Verzieren:

100 g Halbbitterkuvertüre
100 g geschlagene Sahne
14-16 Belegkirschen, möglichst ohne Farbstoff

1. Für den Mürbeteig alle Zutaten, bis auf das Mehl, in kühlem Zustand zu einer glatten Masse verkneten. Dann das Mehl vorsichtig unterarbeiten. Den Teig in Folie wickeln und kühl stellen, am besten über Nacht, dann läßt er sich besser weiterverarbeiten.
2. Für den Wiener Schokoboden eine Springform (28 cm Durchmesser) mit Backpapier auslegen. Die Butter schmelzen.
Mehl, Weizenstärkemehl und Kakaopulver mischen und sieben. Eier, Zucker und Salz unter Rühren im Wasserbad auf Körpertemperatur bringen. Herausnehmen und weiter schaumig schlagen. Das Mehl-Stärke-Kakaogemisch vorsichtig untermelieren. Zum Schluß die flüssige, abgekühlte Butter unterheben. Die Masse in die Springform füllen und im vorgeheizten Ofen bei 170 Grad 25-30 Minuten backen. In der Form auskühlen lassen.
3. Vom Wiener Schokoboden einen möglichst dünnen Boden abschneiden und auf 24 cm Durchmesser verkleinern. Dann einen zweiten, 1 cm dicken Boden abschneiden.
4. Den Mürbeteig ausrollen. Einen Boden von 26 cm Durchmesser ausstechen und in eine mit Backpapier ausgelegte Springform geben. Mehrmals mit einer Gabel einstechen und im vorgeheizten Ofen bei 160 Grad ca. 20 Minuten backen.
5. Den abgekühlten Mürbeteigboden mit aufgelöster Kuvertüre bestreichen, den dicken Wiener Schokoboden auflegen und in einen Tortenring einpassen.
6. Für den Belag die Kirschen mit dem Zucker erwärmen. Den entstehenden Saft (70 ml) abgießen und erkalten lassen. Anschließend mit dem Weizenstärkemehl anrühren. Die Kirschen aufkochen und mit dem angerührten Saft binden. Die Kirschen so auf dem Wiener Boden verteilen, daß ringsherum ein Rand von 1 cm frei bleibt.
7. Die Gelatine für die Kirschwassersahne einweichen. Gut ausdrücken, im Wasserbad auflösen und mit dem Kirschwasser und Zucker verrühren. Mit einem kleinen Teil der geschlagenen Sahne angleichen. Dann die restliche Sahne unterheben, in den Tortenring füllen und bis an den Rand glattstreichen. Den dünnen Wiener Boden auflegen und andrücken. Den Tortenring mit Küchenkrepp säubern.
8. Die Gelatine für die Schokosahne einweichen, ausdrücken und im Wasserbad auflösen. Mit aufgelöster Kuvertüre und Kirschwasser verrühren. Die Masse mit einem Viertel der geschlagenen Sahne angleichen, dann den Rest vorsichtig unterziehen. In den Tortenring füllen und mit einer Winkelpalette glattstreichen. Der Tortenring soll bis an den oberen Rand gefüllt sein. Die Torte für 2-3 Stunden kühl stellen.
9. Die Kuvertüre temperieren und dünn auf eine glatte Platte streichen. Bei Zimmertemperatur fest, aber nicht hart werden lassen. Dann mit einem Metallspachtel ruckartig von der Platte schieben.
10. Die Schwarzwälder Kirschtorte aus dem Ring schneiden. Auf der Tortenoberfläche um die Mitte einen Kreis von 20-22 cm Durchmesser markieren und mit den Kuvertürespänen bestreuen. Die Torte in 14-16 Stücke einteilen. Jedes Stück mit einem Sahnetupfen und einer Belegkirsche garnieren.

SAHNETORTE PERPIGNAN

Springform: 28 cm Ø

Baiserboden:

3 Eiweiß (100 g)
100 g feiner Zucker
100 g gemahlene, geröstete Mandeln

Schokoladencanache:

300 ml Sahne
40 g gehackte Halbbitterkuvertüre
30 g gehackte Vollmilchkuvertüre

Sandboden:

40 g Butter
190 g Marzipanrohmasse
6 Eigelb (110 g)
2 EL Wasser (30 ml)
Mark einer ½ Vanilleschote
1 Prise Salz
6 Eigelb (110 g)
100 g Zucker
25 g Weizenstärkemehl
80 g Mehl Type 550

Zum Tränken:

2 EL Zucker (30 g)
4 EL Wasser (60 ml)
40 ml Grand Marnier

Zum Bestreichen:

50 g Vollmilchkuvertüre

Vanillesahne:

½ Blatt Gelatine
150 ml Sahne
1 Päckchen Vanillezucker

Garniersahne:

1 Blatt Gelatine
200 ml Sahne
1 EL Zucker (15 g)

Zum Verzieren:

14 schöne Fruchtstücke, z. B. Mandarinen- oder Aprikosenspalten

1.-3. am Vortag.

1. Für den Baiserboden Eiweiß und Zucker im Wasserbad warm aufschlagen. Herausnehmen und weiter schaumig schlagen, bis die Masse festen Stand hat. Die Mandeln unterheben und mit der Masse einen dünnen Boden (28 cm Ø) auf ein mit Backpapier ausgelegtes Blech streichen. Die Restmasse kann man in einen Spritzbeutel füllen und damit kleines Baisergebäck auf Backpapier dressieren. Im vorgeheizten Ofen bei 80-90 Grad 3-4 Stunden trocknen lassen.

2. Für die Schokoladencanache die Sahne aufkochen und vom Herd nehmen. Die gehackte Kuvertüre unter Rühren darin auflösen. In eine Schüssel umfüllen und über Nacht, in einem sehr kalten Kühlschrank, anziehen und durchkühlen lassen.

3. Für den Sandboden eine Springform mit Backpapier auslegen. Die Butter schmelzen. Marzipanrohmasse, Eigelb, Wasser, Vanillemark und Salz schaumig rühren. In einer zweiten Schüssel Eigelb, Zucker und Weizenstärkemehl schaumig schlagen. Ein Drittel der Marzipanmasse zugeben und angleichen. Den Rest zusammen mit dem gesiebten Mehl unterheben. Zum Schluß vorsichtig die abgekühlte, flüssige Butter untermelieren. Die Masse in die Springform füllen und im vorgeheizten Ofen bei 170 Grad ca. 25 Minuten backen. In der Form auskühlen lassen.

4. Für die Tränke Zucker und Wasser aufkochen und zum Auskühlen auf ein großes Blech mit Rand schütten. Anschließend in eine Schüssel gießen und mit dem Likör mischen.

5. Den Baiserboden in einen Tortenring oder Springformrand (26 cm Ø) einpassen und mit der aufgelösten Kuvertüre bestreichen. Den Sandboden auflegen und 4 x mit der Tränke einpinseln. Der Boden soll gut durchtränkt sein. Die Schokoladencanache schaumig schlagen und mit einer Winkelpalette glatt auf den Sandboden streichen. Den Tortenring mit Küchenkrepp säubern und die Torte 2-3 Stunden kühl stellen.

6. Die Gelatine für die Vanillesahne einweichen. Sahne und Vanillezucker aufschlagen. Eine kleine Menge abnehmen und mit der gut ausgedrückten, im Wasserbad aufgelösten Gelatine verrühren. Mit einem Schneebesen unter die restliche Sahne ziehen. Die Torte mit der Vanillesahne auffüllen und 1-2 Stunden kühl stellen.

7. Die Garniersahne mit dem Zucker aufschlagen und, wie bei der Vanillesahne beschrieben, mit Gelatine stabilisieren. Die Perpignan-Torte mit der Sahne einstreichen, in 14 Stücke teilen und auf jedes Stück einen Sahnetupfen dressieren. Jeden Tupfen mit einem Fruchtstückchen verzieren.

Springform: 26 cm Ø

Buttermürbeteig:

60 g Butter
3 EL Puderzucker (30 g)
1 Prise Salz
Mark ½ Vanilleschote
1 Eigelb (18 g)
90 g Mehl Type 550

Wiener Boden:

50 g Butter
100 g Mehl Type 550
110 g Weizenstärkemehl
4 Eier (250 g)
180 g Zucker
1 Prise Salz

Zum Bestreichen:

50 g Vollmilchkuvertüre

Nußsahne:

160 g geröstete, gemahlene Haselnüsse
600 g geschlagene Sahne
4 Blatt Gelatine
Mark einer ½ Vanilleschote
50 g Zucker

Zum Eindecken:

400 g Marzipanrohmasse
etwas Puderzucker (zum Ausrollen)

Zum Verzieren:

100 ml Sahne
1 TL Zucker
14 Walnußhälften

LÜBECKER NUSS-SAHNETORTE

Die Herkunft ist schon universell. Ein Teil der Welt verinnerlicht in einer Torte: Kokos aus den Tropen, Zucker aus Indien, kandierte Früchte aus dem Orient, Schokolade aus der Schweiz und dazu aus Lübeck das Marzipan. Letzteres fand seine Erfüllung in dieser runden Pracht.

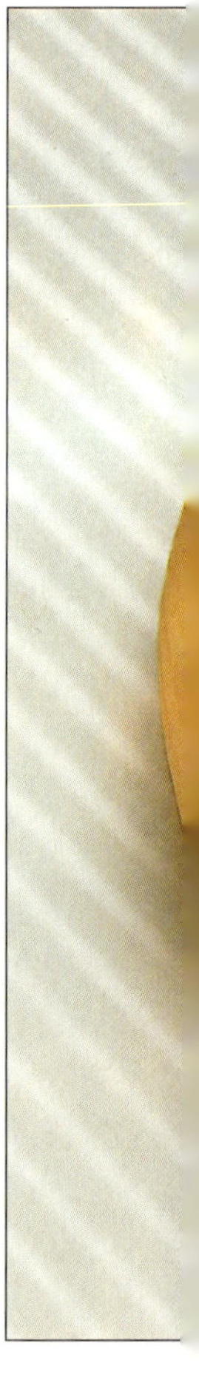

1. Für den Mürbeteig alle Zutaten, bis auf das Mehl, in kaltem Zustand zu einem glatten Teig verkneten. Das Mehl zum Schluß vorsichtig unterarbeiten. Den Teig kalt stellen, am besten über Nacht, dann läßt er sich besser weiterverarbeiten.

2. Für den Wiener Boden eine Springform mit Backpapier auslegen. Die Butter schmelzen. Mehl und Weizenstärkemehl mischen und sieben.

3. Eier, Zucker und Salz unter Rühren im Wasserbad auf Körpertemperatur bringen. Herausnehmen und weiter schaumig schlagen. Mehl und Weizenstärkemehl vorsichtig untermelieren. Zum Schluß die flüssige, nicht zu heiße Butter melieren. Die Wiener Masse in die Springform streichen und im vorgeheizten Backofen bei 170 Grad ca. 30 Minuten backen. In der Form auskühlen lassen.

4. Den Mürbeteig ausrollen. Einen Boden von 26 cm Durchmesser ausstechen und in eine mit Backpapier ausgelegte Springform geben. Mehrmals mit einer Gabel einstechen und im vorgeheizten Ofen bei 160 Grad ca. 20 Minuten backen.

5. Die Kuvertüre auflösen und den Mürbeteigboden damit bestreichen. Vom Wiener Boden einen dikken (1 cm) und einen möglichst dünnen Boden abschneiden. Den dicken Boden auf den Mürbeteigboden legen und in einen Tortenring einpassen. Den dünneren Boden rundherum um 1 cm verkleinern.

6. Die Haselnüsse vorsichtig unter die geschlagene Sahne heben. Die aufgelöste Gelatine mit Vanillemark und Zucker verrühren und mit etwas Sahne angleichen.

7. Die Hälfte der Masse auf den eingepaßten Böden verstreichen. Den dünnen Boden auflegen und mit der restlichen Nußsahne bestreichen.

8. Das Marzipan auf einen Durchmesser von ca. 40 cm ausrollen. Wenn ein Rollholz mit Riefung vorliegt, kann man damit dem Marzipan die typische Struktur verleihen. Die Torte aus der Form lösen, gleichmäßig mit der Marzipanplatte belegen und mit den Händen andrükken. Die überstehenden Ränder abschneiden, den Rand vorsichtig mit einer Teigkarte so andrücken, daß keine Risse und Falten entstehen.

9. Kurz vor dem Servieren Sahne und Zucker steif schlagen und 14 Tupfen auf die eingeteilte Torte dressieren. Auf jeden Tupfen eine Walnußhälfte legen.

SCHOKOLADENSCHNITTE

Variabler Metallrahmen: 23 x 26 cm

Wiener Schokoladenböden:

90 g Butter
180 g Mehl Type 550
150 g Weizenstärkemehl
105 g Kakaopulver
7 Eier (450 g)
360 g Zucker
3 Prisen Salz

Schokoladencreme:

275 ml Milch
1 Prise Salz
3 EL Zucker (45 g)
25 g Weizenstärkemehl
2 ½ EL Kakaopulver (15 g)
1 Eigelb (25 g)
55 ml Milch

Schokoladensahne:

4 Blatt Gelatine
55 g gehackte Halbbitterkuvertüre
3 EL Milch (45 ml)
450 g geschlagene Sahne

Glasur:

80 g Aprikosenkonfitüre
150 g Fondant
30 g gehackte Vollmilchkuvertüre
ca. 3 EL Milch (45 ml)

Marzipan-Elefant:

160 g Marzipanrohmasse
40 g Puderzucker
1 TL Kakaopulver (2 g)
20 g Kuvertüre

1. Die Butter schmelzen. Mehl, Weizenstärkemehl und Kakaopulver mischen und sieben. Eier, Zucker und Salz unter Rühren im Wasserbad auf Körpertemperatur bringen. Herausnehmen und weiter schaumig schlagen. Das Mehlgemisch vorsichtig untermelieren. Zum Schluß die flüssige, abgekühlte Butter melieren. Aus der Masse drei Wiener Schokoladenböden backen. Dafür jeweils ein Drittel der Masse auf einem mit Backpapier ausgelegten Blech verstreichen (24 x 27 cm) und im vorgeheizten Ofen bei 190 Grad 10-12 Minuten backen. Die Böden nach dem Backen auf ein sauberes Küchentuch stürzen, das Backpapier mit kaltem Wasser einpinseln und vorsichtig abziehen. Auskühlen lassen.

2. Einen Metallrahmen auf 23 x 26 cm einstellen und den ersten Boden einpassen.

3. Für die Schokoladencreme Milch und Salz aufkochen. Die übrigen Zutaten verrühren, in die kochende Milch geben und zu einer Creme abbinden. Sofort auf den im Rahmen liegenden Boden geben und mit einer Winkelpalette glattstreichen. Den Rahmen oberhalb der Creme mit Küchenkrepp säubern. Den zweiten Boden einpassen.

4. Die Gelatine für die Schokoladensahne einweichen. Die gehackte Kuvertüre auflösen und mit der handwarmen Milch verrühren. Die im Wasserbad aufgelöste Gelatine untermengen. Mit einem Viertel der geschlagenen Sahne angleichen, dann die restliche Sahne vorsichtig unterheben. Die fertige Masse in den Rahmen geben und glatt streichen. Die Schokoladenschnitte für 2-3 Stunden kühl stellen.

5. Während dieser Zeit den dritten Boden mit heißer Konfitüre aprikotieren und trocknen lassen.

6. Den Fondant im Wasserbad knapp auf Körpertemperatur erwärmen. Mit der aufgelösten Kuvertüre verrühren. Zum Schluß so lange mit handwarmer Milch verdünnen, bis die Glasur eine streichfähige, dickflüssige Konsistenz hat. Die Fondantglasur mit einer Palette gleichmäßig auf dem dritten Boden verstreichen.

7. Die Schokoladenschnitte mit einem Messer aus dem Rahmen lösen und diesen vorsichtig nach oben abziehen. Den Metallrahmen säubern, auf den glasierten Boden stellen und leicht andrükken. Mit einem erhitzten Messer am Abdruck entlangschneiden. Den Boden auf die Schokoladenschnitte legen.

8. Marzipanrohmasse, Puderzucker und Kakao verkneten, ausrollen und mit Hilfe einer Schablone einen Elefanten ausschneiden. Mit temperierter Kuvertüre verzieren und vorsichtig auf die Schnitte legen (s. S.103).

Den Spaniern haben wir es zu verdanken, sie entführten die Schokolade aus Südamerika. Die zarte Folge: Eine neue edle Süße erobert Europa. Als Glasur, Schicht- oder Dekorsubstanz machte sie sich bei den Konditoren unentbehrlich. Dem Elefanten hat's sicher gefallen.

ZITRONEN-SAHNETORTE

Springform: 28 cm Ø

Baiserboden:

2 Eiweiß (50 g)
100 g feiner Zucker

Buttermürbeteigboden:

60 g Butter
3 EL Puderzucker (30 g)
1 Prise Salz
Mark einer ½ Vanilleschote
1 Eigelb (18 g)
90 g Mehl Type 550 oder 1050

Wiener Boden:

50 g Butter
100 g Mehl Type 550
110 g Weizenstärkemehl
4 Eier (250 g)
180 g Zucker
1 Prise Salz

Zum Bestreichen:

50 g Vollmilchkuvertüre

Zitronensahne:

600 ml Sahne
7 Blatt Gelatine
180 g Zucker
abgeriebene Schale von 2 unbehandelten Zitronen
120 ml frisch gepreßter Zitronensaft

Gelee:

1 Zitrone
2 EL Agar-Agar-Flocken (3 g)
3 TL Zucker (15 g)
200 ml heller, klarer Fruchtsaft

Zum Verzieren:

200 ml Schlagsahne
100 g Vollmilchkuvertüre

1. Am Vortag einen Baiserboden bereiten. Hierfür Eiweiß und Zucker im Wasserbad lauwarm aufschlagen. Herausnehmen und weiter schaumig schlagen. Ein Backblech mit Backpapier auslegen. Mit einem Spritzbeutel mit großer Lochtülle von der Mitte aus einen immer größer werdenden Kreis aufspritzen, bis der Durchmesser 24 cm beträgt. Den Baiserboden ca. 4 Stunden bei 100 Grad im vorgeheizten Ofen trocknen lassen.
2. Die Zutaten für den Mürbeteigboden, bis auf das Mehl, in kaltem Zustand zu einer glatten Masse verkneten. Dann das Mehl vorsichtig unterarbeiten. Den Teig in Folie wickeln und kalt stellen.
3. Für den Wiener Boden die Butter schmelzen. Mehl und Weizenstärkemehl mischen und sieben. Eier, Zucker und Salz im Wasserbad lauwarm aufschlagen. Herausnehmen und weiter schaumig schlagen. Das Mehl-Stärkegemisch untermelieren. Zuletzt die abgekühlte Butter melieren. Den Boden einer Springform mit Backpapier auslegen und den Teig einfüllen. Im vorgeheizten Backofen bei 170 Grad ca. 25 - 30 Minuten backen.
4. Den Mürbeteig auf 3 mm ausrollen und mit dem Springformrand einen Boden ausstechen. Die Springform mit Backpapier auslegen, den Boden einlegen, mehrmals einstechen und im vorgeheizten Backofen bei 160 Grad ca. 20 Minuten backen.
5. Den ausgekühlten Mürbeteigboden mit aufgelöster Kuvertüre bestreichen und in einen Tortenring einpassen. Vom Wiener Boden einen 1 cm dikken Boden abschneiden und auf den Mürbeteigboden legen.
6. Für die Zitronensahne die Sahne cremig aufschlagen. Die eingeweichte Gelatine gut ausdrücken und auflösen. Zucker, Zitronenschale und -saft (Zimmertemperatur) in eine Schüssel geben. Die Gelatine einlaufen lassen und mit einem Schneebesen kräftig unterrühren. Ein Viertel der geschlagenen Sahne untermischen. Dann die restliche Sahne vorsichtig unter die Zitronenmasse heben. Die Hälfte dieser Zitronensahne auf die Böden im Tortenring streichen, den Baiserboden darauf legen und die verbliebene Sahne bis an den Rand einfüllen. Glatt streichen und für mindestens ½ Stunde kühl stellen.
7. Für das Gelee mit einem Zestenreißer die Schale der Zitrone in feinen Streifen abziehen. Die Zitronenzesten mit Agar-Agar und Zucker in den Saft rühren. Aufkochen und unter ständigem Rühren bei geringer Hitze 3 Minuten köcheln lassen. Vor der weiteren Verwendung ziemlich abkühlen lassen.

8. Die Sahne zum Verzieren aufschlagen und ein wenig davon sehr dünn auf die Torte streichen. Wenn das Gelee fest zu werden beginnt, auf die Torte gießen und glattstreichen. Die Torte für 4-5 Stunden in den Kühlschrank stellen.
9. Die Kuvertüre auflösen und mit einem Teelöffel auf Wachspapier tropfen. Wenn die Schokoladenplätzchen fest sind, mit einem flachen Messer vorsichtig vom Papier lösen. Sie können gut auf Vorrat hergestellt werden.
10. Mit einem geraden Messer die Torte vom Ring lösen und den Ring vorsichtig nach oben abziehen. Den Tortenrand mit geschlagener Sahne einstreichen. 14 Tortenstücke markieren. Mit einem Spritzbeutel mit großer Lochtülle auf jedes Stück einen Sahnetupfen dressieren und mit einem Schokoladenplätzchen verzieren.

Tip: Den übriggebliebenen Wiener Boden kann man z.B. für eine Hüttenkäsetorte verwenden.

ERDBEER-SAHNETORTE

Springform: 28 cm Ø

Buttermürbeteigboden:

s. S. 92

Zum Bestreichen:

50 g Vollmilchkuvertüre

Walnußboden:

40 g Weizenstärkemehl
2 EL gehackte Walnüsse
100 g Marzipanrohmasse
1 EL Milch (15 ml)
2 Eiweiß (50 g)
50 g Zucker

Erdbeersahne:

4 EL Milch (60 ml)
100 g Zucker
3 Eigelb (60 g)
Saft und abgeriebene Schale einer ½ unbehandelten Orange und Zitrone
Mark einer ½ Vanilleschote
5 Blatt Gelatine
400 g Erdbeeren
500 ml Sahne

Zum Verzieren:

50 g gehackte Pistazien
200 ml Sahne
2 TL Zucker (10 g)

1. Nach Angabe auf S. 92 einen Buttermürbeteigboden backen.
2. Weizenstärkemehl sieben und mit gehackten Walnüssen mischen. Marzipanrohmasse mit Milch glattrühren. Eiweiß und Zucker cremig aufschlagen. Ein Viertel davon unter die Marzipanmasse rühren, danach den Rest untermelieren. Zum Schluß das Gemisch aus Walnüssen und Weizenstärkemehl zugeben und melieren. Den Boden einer Springform mit Backpapier auslegen, die Masse einfüllen und im vorgeheizten Ofen bei 180 Grad ca. 12-15 Minuten backen. Auskühlen lassen.
3. Den ausgekühlten Mürbeteigboden mit der aufgelösten Kuvertüre bestreichen. Den Walnußboden auflegen und beide Böden in einen Tortenring einpassen.
4. Für die Erdbeersahne Milch und Zucker aufkochen und mit dem Eigelb zur Rose abziehen. Den Saft und die abgeriebene Schale der Zitrusfrüchte sowie das Mark der Vanilleschote dazugeben. Die eingeweichte, gut ausgedrückte Gelatine unterrühren.
5. Erdbeeren waschen, putzen und 7 halbierte, kleine Früchte für die Garnierung beiseite legen. Die restlichen Erdbeeren in kleine Stücke schneiden. Die Sahne cremig aufschlagen und ein Viertel davon unter die Eigelbmasse rühren. Dann den Rest der Sahne vorsichtig unterheben und die Erdbeerstücke zugeben. Die Erdbeersahne gleichmäßig auf dem Tortenboden verteilen und glattstreichen. 2-3 Stunden gut durchkühlen lassen.
6. Die Sahne mit dem Zucker steif schlagen und einen Teil davon dünn auf die Torte streichen. Den Tortenring mit einem geraden Messer lösen und vorsichtig abheben.
7. Die Torte in 14 Stücke einteilen, mit gehackten Pistazien bestreuen und den Rand gleichmäßig mit Sahne einstreichen. Jedes Stück mit einem Sahnetupfen, einer halben Erdbeere und gehackten Pistazien verzieren.

HIMBEER-SAHNETORTE

Springform: 28 cm Ø

Buttermürbeteigboden:

60 g Butter
3 EL Puderzucker (30 g)
1 Prise Salz
Mark einer ½ Vanilleschote
1 Eigelb (18 g)
90 g Mehl Type 550 oder 1050

Wiener Boden:

50 g Butter
100 g Mehl Type 550
110 g Weizenstärkemehl
4 Eier (250 g)
180 g Zucker
1 Prise Salz

Zum Bestreichen:

50 g Vollmilchkuvertüre

Himbeersahne:

400 ml Sahne
300 g Himbeeren
140 g Zucker
1 TL frisch gepreßter Zitronensaft (5 ml)
6 Blatt Gelatine

Zum Verzieren:

200 ml Sahne
2 TL Zucker (10 g)
1 Blatt Gelatine
14 schöne, kleine Himbeeren

1. Für den Mürbeteig alle Zutaten, bis auf das Mehl, in kaltem Zustand zu einer glatten Masse verkneten. Zum Schluß das Mehl vorsichtig unterarbeiten. Den Teig in Folie wickeln und kalt stellen.
2. Für den Wiener Boden die Butter schmelzen. Mehl und Weizenstärkemehl mischen und sieben. Eier, Zucker und Salz im Wasserbad warm aufschlagen, herausnehmen und weiter schaumig schlagen. Das Mehl-Stärkegemisch vorsichtig unter die Eimasse heben, dann die abgekühlte Butter untermelieren. Den Boden einer Springform mit Backpapier auslegen, den Teig einfüllen und im vorgeheizten Ofen bei 170 Grad ca. 25-30 Minuten backen. Den fertigen Boden in der Form völlig auskühlen lassen. Einige Stunden ruhen lassen.
3. Den Mürbeteig auf 3 mm ausrollen und mit dem Springformrand einen Boden ausstechen. Die Springform mit Backpapier auslegen, den Boden einlegen, mehrmals mit einer Gabel einstechen und im vorgeheizten Backofen bei 160 Grad ca. 20 Minuten backen. Vom Wiener Boden einen 1 cm dicken Boden sowie einen zweiten, möglichst dünnen Boden, schneiden. Letzteren rundherum um 1 cm verkleinern. Beiseite legen.
4. Den ausgekühlten Mürbeteigboden mit aufgelöster Kuvertüre bestreichen. Den dicken Wiener Boden auflegen und in einen Tortenring einpassen.
5. Für die Himbeersahne die Sahne cremig aufschlagen. Die Himbeeren mit dem Zucker und Zitronensaft grob pürieren. Dann die eingeweichte, gut ausgedrückte Gelatine im Wasserbad auflösen und unter das Himbeerpüree rühren. Ein Viertel der geschlagenen Sahne untermischen. Anschließend den Rest der Sahne vorsichtig unterheben. Die Himbeersahne auf den Wiener Boden im Tortenring streichen, dann den zweiten, verkleinerten Boden auf die Himbeersahne legen.
6. Für die Verzierung die Sahne mit dem Zucker aufschlagen und mit der aufgelösten Gelatine stabilisieren. Die Torte mit einem Teil der Sahne auffüllen, glattstreichen und nochmals kurz kalt stellen.
7. Den Tortenring mit einem geraden Messer lösen und abheben. 14 Sahnetupfen auf die in Stücke eingeteilte Torte dressieren. Auf jeden Tupfen eine Himbeere setzen.

Tip: Der übrige Wiener Boden kann z. B. für eine Jamaica-Sahnetorte, eine Schwäbische Apfeltorte oder Kirschtorte verwendet werden. Tiefgefroren hält er sich für lange Zeit frisch.

HOLLÄNDISCHE KIRSCHTORTE

Blätterteig:

250 g Süßrahmbutter
250 g Mehl Type 550
135 ml Wasser
1 Prise Salz

Kirschkompott:

380 g entsteinte Schattenmorellen
90 g Zucker
25 g Weizenstärkemehl

Sahnefüllung:

3 Blatt Gelatine
2 EL Zucker (30 g)
Mark einer Vanilleschote
400 g geschlagene Sahne

Glasur:

2½ EL Johannisbeerkonfitüre (30 g)
80 g Fondant
20 g Butter
etwas Wasser oder Kirschwasser

Garniersahne:

1 Blatt Gelatine
3 TL Zucker (15 g)
200 g geschlagene Sahne

1. Die Herstellung des Blätterteiges siehe S.203.
2. Aus dem fertigen Teig zwei Böden von 30 cm Durchmesser ausrollen. Die Böden auf ein kalt abgespültes Backblech legen und im vorgeheizten Backofen bei 200 Grad ca. 20 Minuten backen.
3. Aus den fertigen, ausgekühlten Teigplatten zwei Böden mit 26 cm Durchmesser ausschneiden. Einen Boden in einen Tortenring oder Springformrand einpassen.
4. Für das Kompott die Kirschen mit Zucker bestreuen und etwas Saft ziehen lassen. 4 EL Saft (60 ml) abnehmen und mit Weizenstärkemehl verrühren. Die Kirschen aufkochen und mit dem angerührten Saft abbinden. Das abgekühlte Kirschkompott auf den eingepaßten Boden streichen (bis 1 cm vor dem Rand).
5. Die eingeweichte, aufgelöste Gelatine mit Zukker und Vanillemark verrühren. Einen kleinen Teil der geschlagenen Sahne unterrühren. Dann den Rest der Sahne unterziehen. Die Sahne gleichmäßig in dem Tortenring verteilen, die Torte 2-3 Stunden kalt stellen.
6. Die Konfitüre aufkochen und den zweiten Boden dünn damit bestreichen. Abkühlen lassen, bis sich die Konfitüre nicht mehr klebrig anfühlt.
7. Fondant erwärmen (32 Grad), in kleine Stücke geschnittene Butter zugeben und unter Rühren auflösen. Mit etwas Wasser oder Kirschwasser so lange verdünnen, bis sich der Fondant leicht mit einer Palette auf dem glasierten Blätterteig verstreichen läßt. Nach 1-2 Stunden den Boden mit einem scharfen Sägemesser in Stücke teilen.
8. Die eingeweichte, aufgelöste Gelatine mit dem Zucker verrühren und schnell unter die Sahne ziehen. Die Torte in Stücke einteilen. Auf jedes Tortenstück eine Sahneraute dressieren und ein Stück glasierten Blätterteig anlegen.

Springform: 28 cm Ø

Buttermürbeteigboden:

- *60 g Butter*
- *3 EL Puderzucker (30 g)*
- *1 Prise Salz*
- *Mark einer ½ Vanilleschote*
- *1 Eigelb (18 g)*
- *90 g Mehl Type 550 oder 1050*

Zum Bestreichen:

- *50 g Vollmilchkuvertüre*

Mandel-Schoko-Boden:

- *2 Eigelb (36 g)*
- *10 g Marzipanrohmasse*
- *25 g gemahlene Mandeln*
- *2 Eiweiß (66 g)*
- *30 g Zucker*
- *30 g Mehl Type 550*
- *1 Prise Salz*
- *2 EL feingehackte Halbbitterkuvertüre (25 g)*

Johannisbeersahne:

- *380 g Johannisbeeren*
- *100 g Zucker*
- *6 Blatt Gelatine*
- *325 ml Sahne*

Mascarponesahne:

- *325 ml Sahne*
- *70 g Zucker*
- *1 Prise Salz*
- *2 Eigelb (36 g)*
- *abgeriebene Schale und Saft einer unbehandelten Orange*
- *3 Blatt Gelatine*
- *200 g Mascarpone*

Guß:

- *90 ml heller, klarer Fruchtsaft oder Wein*
- *1 EL Agar-Agar-Flocken (1,5 g)*
- *2 TL Zucker (10 g)*

Garniersahne:

- *200 ml Sahne*

JOHANNISBEER-MASCARPONE-TORTE

1. Für den Buttermürbeteig alle Zutaten, bis auf das Mehl, in kühlem Zustand zu einer glatten Masse verkneten. Dann das Mehl vorsichtig unterarbeiten. Den Teig in Folie wickeln und kalt stellen.

2. Den gut durchgekühlten Teig auf 3 mm ausrollen und mit dem Springformrand einen Boden ausstechen. Den Boden der Springform mit Backpapier auslegen, den Teig einlegen, mehrmals mit einer Gabel einstechen und im vorgeheizten Backofen bei 160 Grad 20 Minuten backen.

3. Eigelb, Marzipanrohmasse und Mandeln schaumig schlagen. Das Eiweiß mit dem Zucker cremig aufschlagen und unter die Eigelbmasse heben. Das gesiebte Mehl, Salz und die feingehackte Kuvertüre unter die Masse melieren. Den Boden einer Springform mit Backpapier auslegen und den Teig einfüllen. Im vorgeheizten Ofen bei 160 Grad ca. 10-14 Minuten backen. In der Form auskühlen lassen.

4. Für die Johannisbeersahne 350 g der vorbereiteten Beeren mit dem Zukker pürieren. Die Gelatine einweichen, gut ausdrücken, im Wasserbad auflösen und unter das Fruchtpüree rühren. Die Sahne cremig aufschlagen und ein Viertel davon untermischen. Die restliche Sahne vorsichtig unterheben.

5. Den Mürbeteigboden mit aufgelöster Kuvertüre bestreichen und in einen Tortenring einpassen. Den Mandel-Schoko-Boden auflegen. Die Johannisbeer-Sahne darauf geben und glattstreichen. Die Torte kühl stellen.

6. Für die Mascarponesahne 75 ml Sahne mit Zucker und einer Prise Salz erhitzen und mit dem Eigelb zur Rose abziehen. Den Saft und die abgeriebene Schale der Orange zusammen mit der eingeweichten und gut ausgedrückten Gelatine unterrühren. Mascarpone zufügen und glatt unterarbeiten. Die verbliebenen 250 ml Sahne aufschlagen und vorsichtig unterheben.

7. Die Mascarponesahne auf die Johannisbeersahne geben und glattstreichen. Die restlichen 30 g Johannisbeeren gleichmäßig verteilt aufstreuen. Die Torte nochmals mindestens 30 Minuten in den Kühlschrank stellen.

8. Für den Guß Saft, Agar-Agar und Zucker aufkochen. Unter Rühren 3 Minuten bei geringer Hitze köcheln lassen. Ziemlich abgekühlt über die Früchte gießen, anziehen lassen.

9. Den Rand der Torte mit steif geschlagener Garniersahne einstreichen. Die Tortenstücke markieren und mit Sahnetupfen garnieren.

Tip: Mit etwas aufgelöster Kuvertüre Ornamente auf Wachspapier spritzen. Nach dem Abkühlen vorsichtig vom Papier lösen und auf die Sahnetupfen setzen.

TIPS & TRICKS

TORTEN FÜLLEN, AUS DEM TORTENRING LÖSEN UND BESTREICHEN

1. Die Sahne in den Tortenring füllen und mit einer langen, stabilen Palette bis an den Rand glattstreichen. Die Tortenoberfläche muß völlig eben sein. Anschließend die Torte für mindestens 1 Stunde in den Kühlschrank stellen.

2. Wenn die Sahne angezogen ist, ein kleines, glattes Messer in heißem Wasser oder über einer Gasflamme erhitzen und am Innenrand des Tortenringes entlangschneiden. Je gerader der Schnitt ist, desto weniger Reste bleiben später am Tortenring hängen.

3. Den Tortenring vorsichtig nach oben abziehen. Wer zum Füllen der Torte einen verstellbaren Tortenring oder einen Springformrand verwendet hat, kann diesen vor dem Abziehen öffnen.

4. Mit Hilfe einer kleinen Palette die Garniersahne gleichmäßig an den Rand streichen. Dafür mehrmals etwas Sahne auf die Palettenspitze nehmen und am Tortenrand auftragen. Ist er ganz bedeckt, ein letztes Mal um den Rand streichen. Sahnereste, die über die Kante ragen, mit einer langen Palette zur Tortenmitte hin glattstreichen.

MARZIPANFIGUREN ZUM VERZIEREN

1. Nach einer Zeichnung eine Pappschablone anfertigen. 160 g Marzipanrohmasse mit 40 g Puderzucker und einem Teelöffel Kakaopulver verkneten. Das Marzipan auf einer mit Puderzucker bestäubten Arbeitsfläche ausrollen, die Schablone auflegen und am Rand entlangschneiden.

2. Verzierungen, die über den Rand der Grundform hinausgehen, abschneiden und erst später auf der Schnitte wieder anlegen. Für Verzierungen wie das Ohr Löcher in die Pappe bohren und durch sie hindurch Markierungspunkte auf dem Marzipan anbringen.

3. Aus Pergament-, Wachs- oder Backpapier eine Spritztüte drehen. Mit temperierter Kuvertüre, Spritzschokolade, Fondant oder Eiweißspritzglasur füllen und damit die Markierungspunkte verbinden. Am einfachsten ist Eiweißspritzglasur, dafür wird Puderzucker mit wenigen Tropfen Eiweiß angerührt, so daß ein fester, formbarer Brei entsteht. Mit etwas Kakaopulver einfärben.

4. Die ausgarnierte Figur auf eine dünne Platte, z. B. eine Glasscheibe oder Tortenscheibe schieben (unter dem Marzipan muß noch etwas Puderzucker haften, sonst klebt sie fest). Mit Hilfe einer Palette die Figur mittig auf die Schnitte heruntergleiten lassen. Zum Schluß die kleinen Teile ansetzen.

KLEINGEBÄCK

ORANGEN-MANDEL-TÖRTCHEN

Für ca. 12-14 Stück

Brioche- oder Kleinbackförmchen: 3 cm hoch

Für die Förmchen:

weiche Butter
gehobelte Mandeln

Marzipanmasse:

175 g Marzipanrohmasse
2 kleine Eier (100 g)
75 g Butter
2 EL Zucker (30 g)
abgeriebene Schale einer unbehandelten Orange
1 Prise Salz
2 TL Grand Marnier (10 ml)
2 EL Mehl Type 550 (20 g)

Zum Einlegen:

14 in Stücke geschnittene Orangenfilets

1. Die Brioche- oder Kleinbackförmchen einfetten und mit gehobelten Mandeln ausstreuen.
2. Die Marzipanrohmasse mit den Eiern glattarbeiten. Butter, Zucker, Orangenschale und Salz schaumig schlagen. Nach und nach den Likör zugeben. Die schaumige Butter unter die Marzipanmasse rühren. Das Mehl zusieben und untermelieren.
3. Ein Drittel der Mandelmasse mit einem Spritzbeutel (große Lochtülle) auf die vorbereiteten Förmchen verteilen. Die Orangenfilets auflegen und die Förmchen mit der restlichen Masse füllen. Im vorgeheizten Ofen bei 170 Grad ca. 20 Minuten backen. Anschließend auf ein Kuchengitter stürzen und in den Förmchen auskühlen lassen.

Tip: Die Törtchen können variiert werden, indem man die Orangenfilets durch Aprikosenstücke, frische Datteln, Feigen oder gebundene Kirschen (s. S. 53) ersetzt. Aber auch ganz ohne Füllung schmecken sie prima.

KOPENHAGENER

Für ca. 15 Stück

Plunderteig:

250 g Butter
50 g Mehl Type 550
30 g Hefe
70 ml Milch
1 Prise Zucker
25 g weiche Butter
1 gestrichener TL Salz (5 g)
etwas abgeriebene Zitronenschale
1 Ei (60 g)
200 g Mehl Type 550

Zum Einstreichen:

1 Eigelb (18 g)
2 EL Milch (30 ml)

Zum Aprikotieren:

200 g Aprikosenkonfitüre

Zum Garnieren:

50 g gehobelte, geröstete Mandeln

1. Am Vortag Butter und Mehl verkneten und zu einem Ziegel formen. In Folie wickeln und kalt stellen.
2. Für den Hefeteig die Hefe in der Milch auflösen und mit den übrigen Zutaten kurz verkneten. Abgedeckt für 30 Minuten kühl stellen.
3. Den Teig auf einer leicht bemehlten Arbeitsfläche auf 12 x 24 cm ausrollen. Den Butter-Mehl-Ziegel auf eine Größe von 12 x 12 cm ausrollen und auf die linke Hälfte der Teigplatte legen. Die andere Hälfte überklappen und die Ränder gut verschließen.* Dieses Stück erneut ausrollen (18 x 36 cm) und mit einem Backpinsel jegliches Mehl abfegen. Sowohl die linke als auch die rechte Teigseite bis zur Mitte umklappen. Dann die umgeklappten Seiten übereinanderlegen, so daß der Teig 4 Schichten aufweist und 18 x 9 cm groß ist. Das Teigstück in Folie wickeln* und für 15 Minuten in den Kühlschrank legen. Anschließend den Vorgang zwischen den Sternchen wiederholen und den Teig 30 Minuten kalt stellen. Abschließend den Teig flach auf 30 x 50 cm ausrollen und in 15 Quadrate schneiden (10 x 10 cm).
4. Die Kopenhagener nach Rezeptvorgabe Seite 109 füllen und formen.
5. Eigelb und Milch verquirlen und auf die Kopenhagener streichen. Das Gebäck auf ein mit Backpapier ausgelegtes Blech geben und ca. 1 Stunde gehen lassen. Im vorgeheizten Ofen bei 220 Grad ca. 15 Minuten backen.
6. Die ausgekühlten Kopenhagener werden mit heißer Konfitüre aprikotiert und mit Mandeln bestreut.

APRIKOSEN/ KIRSCH

Teig:

1 Rezept Plunderteig s. S. 108

Vanillecreme:

130 ml Milch
50 ml Sahne
25 g Zucker
1 Prise Salz
½ Vanilleschote
1 Eigelb (18 g)
2 EL Milch (30 ml)
2 EL Weizenstärkemehl (18 g)

Obst:

15 Aprikosenhälften oder 400 g gebundene Kirschen (s. S. 53)

1. Den Plunderteig, wie auf Seite108 beschrieben, herstellen, ausrollen und zuschneiden. Die Ecken der Teigstücke so nach innen klappen, daß in der Mitte ein Karo bleibt.
2. Für die Vanillecreme Milch, Sahne, Zucker, Salz und die halbe Vanilleschote auf ca. 60 Grad erhitzen. Die Vanilleschote herausnehmen, das Mark auskratzen und in die Milch zurückgeben. Aufkochen lassen, von der Platte nehmen und unter Rühren mit der verquirlten Eigelb-Milch-Stärkemischung zur Rose abziehen.
3. Die Vanillecreme mit einem Spritzbeutel in die Mitte der Teigstücke dressieren. Das Obst auflegen. Fertigstellung wie auf Seite108 beschrieben.

NUSSPAN

Teig:

1 Rezept Plunderteig s. S. 108

Nußpan-Füllung:

160 g Haselnüsse
80 g Puderzucker
3 EL Wasser (45 ml)
3 EL Rum (45 ml)

Zum Bestreuen:

100 g gehackte, geröstete Haselnüsse

1. Den Plunderteig, wie auf Seite108 beschrieben, herstellen.
2. Für die Füllung die Haselnüsse fein mahlen und den Puderzucker zugeben. Mit den Knethaken des elektrischen Handrührgerätes Wasser und Rum unterrühen. Kalt stellen und fest werden lassen. Die Konsistenz soll geschmeidig, aber nicht flüssig sein.
4. Die Nußmasse mit etwas Wasser zu einer spritzfähigen Masse verdünnen. Mit einem Spritzbeutel jeweils auf die eine Hälfte der Teigstücke einen "U"-förmigen Strang dressieren und die gehackten Nüsse darüberstreuen. Die Teigstücke quer zusammenklappen und andrücken. Die Rechtecke quer vor sich hinlegen und jedes in der Mitte auf ¾ seiner Länge einschneiden. Die beiden losen Enden an den Spitzen zusammennehmen und umeinanderdrehen (180°).
5. Fertigstellung wie auf Seite108 beschrieben.

VANILLE

Teig:

1 Rezept Plunderteig s. S. 108

Vanillecreme:

200 ml Milch
75 ml Sahne
40 g Zucker
1 Prise Salz
½ Vanilleschote
1 Eigelb (18 g)
50 ml Milch
2 EL Weizenstärkemehl (18 g)

1. Den Plunderteig, wie auf Seite 108 beschrieben, herstellen, ausrollen und in 15 Quadrate schneiden.
2. Für die Vanillecreme Milch, Sahne, Zucker, Salz und die halbe Vanilleschote auf ca. 60 Grad erhitzen. Die Vanilleschote herausnehmen, das Mark auskratzen und in die Milch zurückgeben. Aufkochen lassen, von der Platte nehmen und unter Rühren mit der verquirlten Eigelb-Milch-Stärkemischung zur Rose abziehen.
3. Die handwarme Creme mit einem Spritzbeutel auf die Teigstücke dressieren. Die Teigränder leicht mit Wasser anfeuchten und den Kopenhagener zu einem Dreieck zusammenklappen. Wie auf Seite108 beschrieben fertigstellen.

SASCHA

Für ca. 20 Stück

Makronen:

500 g Marzipanrohmasse
400 g nicht zu feiner Zucker
2 Eiweiß (60 g)

Canache-Creme:

400 ml Sahne
200 g Halbbitterkuvertüre

Glasur:

200 g Kuvertüre, wahlweise Vollmilch oder Halbbitter

1. Marzipanrohmasse und Zucker mit dem Eiweiß glattarbeiten. Die Masse darf nicht schaumig werden.
2. Damit die Masse eine feste, aber spritzfähige Konsistenz erhält, eventuell 1-2 EL Wasser zugeben.
3. Mit einem Spritzbeutel (große Lochtülle) 20 Makronen auf ein mit Backpapier ausgelegtes Backblech dressieren. Im vorgeheizten Ofen bei 160 Grad ca. 20-25 Minuten backen.
4. Für die Canache-Creme die Sahne aufkochen, die gehackte Kuvertüre dazugeben und sehr gut verrühren. Über Nacht im Kühlschrank durchkühlen lassen.
5. Die Creme am nächsten Tag schaumig schlagen und mit einer kleinen Palette Canache-Kegel auf die Makronen streichen. Für ca. 30 Minuten kühl stellen.
6. Die Kuvertüre für die Glasur temperieren und die Canache-Kegel (nicht die Makronen!) hineintauchen.

Für ca. 50 kleine Schnitten

Biskuit:
4 Eier
120 g Zucker
60 g Mehl
60 g Puderzucker
40 g flüssige Butter
Puderzucker zum Bestäuben

Zum Tränken:
¼ l Läuterzucker (siehe Seite 215)
15 g Instant Espresso-pulver
⅛ l starker Kaffee
5 EL Rum

Zum Bestreichen:
50 g Aprikosenkonfitüre
50 g Kuvertüre

Schokoladencreme:
200 g Bitterkuvertüre
125 g süße Sahne
25 g Butter

Buttercreme:
125 g Butter
45 g Puderzucker
3 EL Kaffeelikör
1–2 EL Instant Espresso-pulver

Glasur:
150 g Kuvertüre

1. Eier und Zucker mit den Schneebesen eines elektrischen Handrührgerätes in 5 Minuten sehr schaumig schlagen.
2. Mehl und Puderzucker darübersieben und zusammen mit der lauwarmen Butter unterheben.
3. Zwei Backbleche mit Backpapier auslegen und den Biskuitteig darauf verstreichen.
4. Im vorgeheizten Backofen bei 200 Grad ca. 12 Minuten backen.
5. Die gebackenen Biskuitböden auf je ein sauberes, mit Puderzucker

OPERASCHNITTEN

bestäubtes Geschirrtuch stürzen; das Backpapier vorsichtig abziehen.
6. Den Läuterzucker zum Tränken des Biskuits mit dem Espressopulver, dem Kaffee und dem Rum verrühren. Beiseite stellen.
7. Die ausgekühlten Biskuitböden vorsichtig umdrehen und halbieren, so daß vier gleich große Platten entstehen.
8. Zum Bestreichen die Aprikosenkonfitüre unter Rühren aufkochen; dünn auf eine Biskuitplatte streichen.
9. Die Kuvertüre schmelzen, temperieren und auf die angetrocknete Konfitüre streichen. Im Kühlschrank fest werden lassen.
10. Für die Schokoladencreme die Kuvertüre zerkleinern; Sahne und Butter aufkochen und die Kuvertüre darin unter ständigem Rühren auflösen. Kühl stellen oder in einem kalten Wasserbad unter ständigem Rühren abkühlen lassen, bis die Creme dicklich wird.
11. Die kalt gestellte Biskuitplatte mit der Schokoladenseite nach unten auf eine Platte legen und mit einem Viertel der Läuterzuckermischung tränken.
12. Darauf eine Schicht Schokoladencreme streichen und die zweite Biskuitplatte darauflegen.
13. Diese Platte ebenfalls mit einem Viertel der Läuterzuckermischung tränken und mit Schokoladencreme bestreichen.
14. Mit der dritten Biskuitplatte ebenso verfahren; die vierte Platte darüberlegen, aber vorerst nur tränken.
15. Ein mit Aluminiumfolie bespanntes Holzbrettchen zum Beschweren darauflegen und die Schichten 30 Minuten lang pressen: einen nicht zu schweren Gegenstand auf das Brettchen legen, z. B. ein oder zwei Pakete Mehl.
16. Inzwischen die Buttercreme zubereiten: Butter und Puderzucker zusammen sehr schaumig schlagen.
17. Den Kaffeelikör und das Espressopulver zugeben und so lange weiterschlagen, bis eine cremige Masse entsteht.
18. Die gepreßten Biskuitschichten mit der übrigen, nochmals gut durchgerührten Schokoladencreme bestreichen und im Kühlschrank fest werden lassen.
19. Dann die Buttercreme daraufstreichen; das Gebäck erneut kühl stellen.
20. Für die Glasur die Kuvertüre schmelzen und temperieren.
21. Die temperierte Kuvertüre gleichmäßig über die gepreßte Biskuitschnitte verteilen.
22. Bevor die Kuvertüre fest geworden ist, mit einem Sägemesser ein Wellenmuster auf der Oberfläche ziehen.
23. Sobald die Glasur trocken ist, die Operaschnitten in 2,5 x 4 cm große Stücke schneiden.
24. Nach Belieben mit je einer Messerspitze Blattgold verzieren und, mit Klarsichtfolie abgedeckt, maximal eine Woche kühl aufbewahren.

ORANGEN-KROKANT-SCHNITTEN

Für ein Backblech (20 x 30 cm) mit 2 cm hohem Rand

Teig:
100 g Butter
100 g Puderzucker
1 TL Vanillezucker
2 Eier
100 g Mehl
100 g gemahlene Haselnüsse
1 TL Backpulver
je eine Prise Zimt und Gewürznelke (gemahlen)
abgeriebene Schale einer halben, unbehandelten Zitrone
200 g Orangenmarmelade zum Bestreichen

Krokantbelag:
100 g Butter
50 g Zucker
2 EL flüssiger Honig
25 g gewürfeltes Zitronat
25 g gewürfeltes Orangeat
50 g gehackte Mandeln
50 g gehackte Haselnüsse
50 g gemahlene Mandeln
1 EL Orangenlikör

1. Butter, Puder- und Vanillezucker mit den Schneebesen eines elektrischen Handrührgerätes schaumig rühren.
2. Die Eier nacheinander unterrühren.
3. Mehl, Haselnüsse, Backpulver, Gewürze und Zitronenschale untermischen.
4. Das Backblech mit Backpapier auslegen, die Teigmasse daraufgeben und glattstreichen.
5. Das Blech mit dem Teig 1/2 Stunde lang kühl stellen.
6. Die Orangenmarmelade in einem Topf bei geringer Hitze unter Rühren auflösen.
7. Die flüssige Marmelade dünn auf die kalte Teigmasse streichen.
8. Erneut kühl stellen.
9. Für den Krokantbelag Butter, Zucker und Honig in einem Topf unter Rühren erhitzen; dickflüssig einkochen lassen.
10. Sobald sich die Masse leicht bräunlich färbt, den Topf vom Herd nehmen.
11. Die übrigen Zutaten unterrühren und die Krokantmasse etwas abkühlen lassen.
12. Die Masse auf dem mit Orangenmarmelade bestrichenen Teig verteilen.
13. Im vorgeheizten Backofen bei 220 Grad ca. 20 – 25 Minuten backen.
14. Das Gebäck auf dem Blech erkalten lassen.
15. Das abgekühlte Gebäck vom Blech stürzen und das Backpapier abziehen.
16. Das Orangen-Krokant-Gebäck in Aluminiumfolie verpackt aufbewahren und innerhalb von ein bis zwei Wochen nach Bedarf aufschneiden.

HIPPENRÖLLCHEN MIT SANDDORNCREME

Für ca. 50 Stück

Teig:
30 g Marzipanrohmasse
2 EL süße Sahne
90 g Puderzucker
2 kleine Eier
70 g Mehl
eine Prise Zimt
etwas Butter und Mehl für das Backblech

Sanddorncreme:
2 Eier
40 g Zucker
40 g Honig
abgeriebene Schale einer halben unbehandelten Orange
abgeriebene Schale einer halben unbehandelten Zitrone
140 g Butter
1 EL Puderzucker
2 EL ungesüßter Sanddornsirup

Glasur:
100 g Vollmilchkuvertüre

1. Das Marzipan zerbrökkeln und mit der Sahne glattrühren.

2. Nacheinander den gesiebten Puderzucker, die Eier, das Mehl und eine Prise Zimt unterrühren und den Teig durch ein feines Sieb streichen.

3. Ein Backblech buttern und mit Mehl bestäuben. Überschüssiges Mehl durch Stürzen des Bleches entfernen.

4. Etwas Teig mit einem Löffel auf das Backblech geben und mit dem Löffelboden zu sehr dünnen Kreisen von 5 cm Durchmesser verstreichen.

5. Im vorgeheizten Backofen bei 200 Grad in 5 – 7 Minuten hellbraun backen.
6. Das Gebäck mit einer Palette vorsichtig vom Backblech lösen und noch warm mit Hilfe eines Kochlöffelstieles kleine Röllchen daraus formen.
7. Auskühlen und fest werden lassen.
8. Für die Sanddorncreme Eier, Zucker, Honig, Orangen- und Zitronenschale im Wasserbad warm aufschlagen.
9. Herausnehmen und unter ständigem Schlagen abkühlen lassen.
10. Butter und Puderzucker in einer anderen Schüssel schaumig schlagen, mit der Eischaummasse vermischen und glattrühren.
11. Mit Sanddornsirup abschmecken und die Creme in einen Spritzbeutel mit kleiner Lochtülle geben.
12. In die Hippenröllchen spritzen.
13. Für die Glasur die Kuvertüre schmelzen, temperieren und die Enden der Hippenröllchen hineintauchen.
14. Abtropfen lassen und zum Trocknen auf Backpapier legen.
15. Mit Hilfe einer Gabel dünne Fäden von der übrigen Kuvertüre über die Röllchen schütteln.

VERLORENE KIRSCHEN

Für ca. 30 kleine Papierförmchen von 2,5 cm Bodendurchmesser (Foto unten, links)

Teig:
140 g Marzipanrohmasse
1 Ei
1 Eigelb
90 g Butter
40 g Zucker
1 TL Vanillezucker
20 g Honig
1 EL Zitronensaft
1 EL Kirschwasser
20 g Mehl
eine Prise Salz

Füllung:
30 kleine, eingelegte Kirschen

Kirschglasur:
150 g Puderzucker
3 EL Kirschsaft
1 EL Kirschwasser

1. Die Marzipanrohmasse mit den Knethaken eines elektrischen Handrührgerätes gut durchkneten.
2. Das Ei und das Eigelb nach und nach unterkneten, damit sich keine Klümpchen bilden. Die Masse beiseite stellen.
3. Butter, Zucker und Vanillezucker miteinander verrühren, nicht schaumig schlagen.
4. Die Marzipan-Eier-Masse, den Honig, den Zitronensaft, das Kirschwasser, das Mehl und eine Prise Salz nacheinander unter die Butter-Zucker-Masse rühren.
5. Den Teig in einen Spritzbeutel mit mittlerer Lochtülle geben.
6. Die Kirschen in einem Sieb abtropfen lassen und den Saft für die Glasur auffangen.
7. Etwas Teig in jedes Förmchen spritzen, je eine Kirsche darauflegen und etwas Teig darüberspritzen.
8. Die gefüllten Förmchen auf ein Backblech setzen und im vorgeheizten Backofen bei 200 Grad ca. 15 – 18 Minuten backen.
9. Für die Glasur den gesiebten Puderzucker mit Kirschsaft und -wasser glattrühren.
10. Das Gebäck mit den versunkenen Kirschen auskühlen lassen.
11. Die überstehende Gebäckoberfläche in die Kirschglasur tauchen und trocknen lassen.
12. In einer Gebäckdose oder mit Folie abgedeckt aufbewahren.

RAHMTÖRTCHEN

Für ca. 15-18 Stück

Briocheförmchen: 3 cm hoch

Füllung:

160 g Marzipanrohmasse
90 g Zucker
1 kleine Prise Salz
Mark einer ½ Vanilleschote
8 Eigelb (150 g)
1 Ei (75 g)
300 ml Sahne
45 g Mehl Type 550

Teig:

400 g Blätterteig nach dem Grundrezept S. 203 oder 1 Paket tiefgefrorener Blätterteig

Glasur:

200 g Fondant
20 g Butter
etwas Wasser oder Rum

1. Am Vortag die Füllung herstellen. Dafür Marzipan, Zucker, Salz und Vanillemark verkneten. Eigelb und Ei verquirlen und nach und nach unter die Marzipanmasse arbeiten. Zum Schluß die Sahne und das gesiebte Mehl zugeben. Die Masse darf auf keinen Fall schaumig werden, da sonst schlechte Backergebnisse erzielt werden. Die fertige Masse über Nacht kalt stellen.

2. Den fertig getourten Blätterteig auf eine Stärke von 3 mm ausrollen und über die aufgereihten, mit Wasser ausgespülten Förmchen legen. Den Rand abschneiden und die Förmchen mit dem Blätterteig auskleiden. Der Teig sollte etwas über den Rand stehen, da er sich beim Backen zusammenzieht. Die ausgekleideten Förmchen kalt stellen.

3. Die gut durchgekühlte Marzipanmasse in einen Spritzbeutel mit großer Lochtülle geben und die Förmchen zu ¾ damit füllen.

4. Ofen auf 230 Grad vorheizen, Törtchen bei 180 Grad 25 Minuten backen. Anschließend stürzen und in der Form auskühlen lassen.

5. Für die Glasur den Fondant erwärmen, mit Butter verrühren und mit etwas Wasser oder Rum so lange verdünnen, bis eine streichfähige, nicht zu flüssige Konsistenz erreicht ist.

6. Kurz vor dem Servieren die Törtchen aus den Formen nehmen und die Oberseite glasieren.

KAISER-TÖRTCHEN

Für ca. 15 Stück

Brioche- oder Kleinbackförmchen: 3 cm hoch

Buttermürbeteig (400 g):

120 g Butter
60 g Puderzucker
1 Prise Salz
Mark einer ½ Vanilleschote
2 Eigelb (30 g)
180 g Mehl Type 550 oder 1050

Füllung:

120 g Butter
100 g Zucker
4 Eigelb (70 g)
80 g fein gemahlene Mandeln
Mark einer ½ Vanilleschote
1 kleine Prise Salz

Zum Bestreuen:

40 g gehobelte Mandeln

1. Für den Buttermürbeteig alle Zutaten, bis auf das Mehl, in kühlem Zustand zu einer glatten Masse verkneten. Dann das Mehl vorsichtig unterarbeiten. Den Teig in Folie wickeln und kühl stellen, am besten über Nacht, dann läßt er sich besser weiterverarbeiten.
2. Die Förmchen, wie auf Seite 119 beschrieben, mit Buttermürbeteig auslegen.
3. Die Zutaten für die Füllung mischen, glattarbeiten und in einen Spritzbeutel mit großer Lochtülle geben. Die Förmchen zu ¾ mit der Masse füllen. Mit gehobelten Mandeln bestreuen und im vorgeheizten Ofen bei 175 Grad ca. 30 Minuten backen. Die Törtchen stürzen und in der Form auskühlen lassen.

MAKRONEN-TÖRTCHEN

Für ca. 15 Stück

Brioche- oder Kleinbackförmchen: 3 cm hoch

Teig:

400 g Buttermürbeteig (siehe Kaisertörtchen)

Füllung:

300 g Marzipanrohmasse
50 g Zucker
4 Eigelb (70 g)
50 ml Mandellikör

Zum Verzieren:

60 g geschälte, ganze Mandeln

1. Die Förmchen, wie auf Seite 119 beschrieben, mit Buttermürbeteig auslegen.
2. Die Zutaten für die Füllung mischen und glattarbeiten (nicht schaumig rühren). Die Masse in einen Spritzbeutel mit großer Lochtülle füllen und die Förmchen kuppelförmig zu ¾ damit füllen. Da die Makronenmasse sehr zäh ist, sollte man beim Spritzen der Masse darauf achten, daß sich immer nur eine kleine Menge vor der Tülle befindet. So geht es einfacher.
3. Die Makronentörtchen mit je vier Mandeln verzieren und im vorgeheizten Ofen bei 200 Grad ca. 30 Minuten backen. Anschließend stürzen und in der Form auskühlen lassen.

Die Liebe der Literaten zu den gebackenen Genüssen ist nachzulesen. Marcel Prousts epochale "Suche nach der verlorenen Zeit" nimmt ihren Anfang im erinnerungsträchtigen Duft frischer Madeleines. Der Baumkuchen in "seiner glücklichen Festigkeit" fand mit Theodor Fontane große Verbreitung. Was fehlte war ein Kapitel über kleine Törtchen aus Buttermürbeteig. Das ist jetzt hier geschrieben.

AUSLEGEN EINES FÖRMCHENS MIT MÜRBETEIG

1. Den Mürbeteig auf ca. 5 mm Stärke ausrollen und etwas größer als das Backförmchen ausstechen.

2. Die ausgestochene Teigplatte über die Form legen, vorsichtig hineingleiten lassen und leicht andrücken. Der Teig darf an keiner Stelle reißen, da sonst die Füllung ausläuft.

3. Die Törtchen mit der im jeweiligen Rezept angegebenen Masse nur zu ¾ füllen. So wird ein Überlaufen der Füllung verhindert.

4. Vor dem Backen werden die Törtchen je nach Rezeptvorgabe verziert.

SCHWEINSÖHRCHEN

Für ca. 20 Stück

Blätterteig:

250 g Süßrahmbutter
250 g Mehl Type 550
135 ml Wasser
1 Prise Salz

Zum Bestreuen:

150 g Zucker

1. Den Blätterteig nach der Anleitung auf Seite 203 bereiten.
2. Bei der Herstellung der Schweinsöhrchen den Phasenfotos auf der gegenüberliegenden Seite folgen.
3. Die Schweinsöhrchen im vorgeheizten Ofen bei 190-200 Grad 15-18 Minuten backen. Nach ca. 9 Minuten, wenn die Oberseite schon gebräunt ist, ein zweites Backpapier auflegen und das Ganze umdrehen. Das Wenden der einzelnen Öhrchen würde zu lange dauern und das Gebäck zu stark abkühlen.
4. Auf dem neuen Papier backen, bis der Zucker karamelisiert ist und die Schweinsöhrchen schön gebräunt sind. Vom Backpapier lösen und schräg am Blechrand aufreihen, da sie sonst am Papier festkleben würden.

HERSTELLEN VON SCHWEINSÖHRCHEN

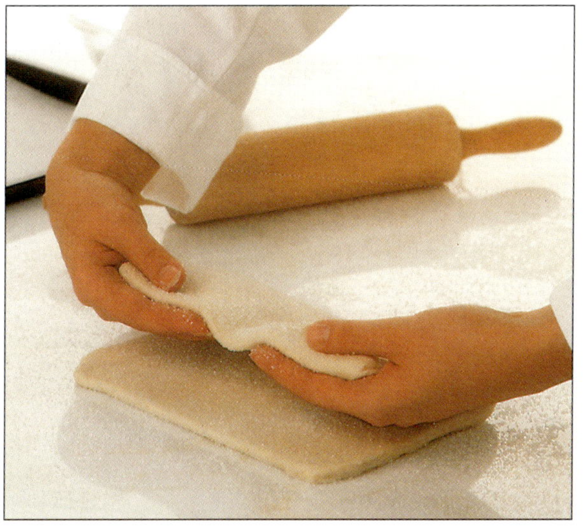

1. Den gut gekühlten Blätterteig auf einer kalten, mit Zucker bestreuten Platte auf 20 x 40 cm ausrollen. Mit Zucker bestreuen, auf die Hälfte klappen und kühl stellen.

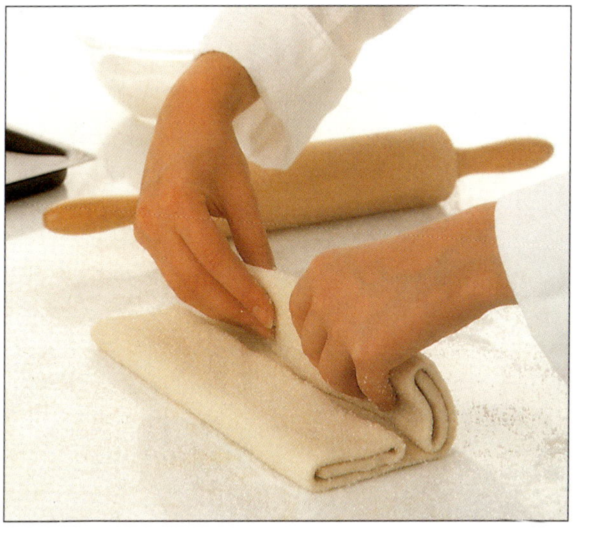

2. Nach 15 Minuten den Teig erneut ausrollen (22 x 24 cm), mit dem restlichen Zucker bestreuen und, wie auf dem Foto gezeigt, vorsichtig zusammenlegen. Kühl stellen.

3. Wenn der Teig gut durchgekühlt und schnittfest ist, mit einem breiten Messer Schweinsöhrchen von 1-1,5 cm Stärke schneiden.

4. Die Schweinsöhrchen mit der Schnittfläche nach oben auf ein mit Backpapier versehenes Blech legen. Etwa 30 Minuten kühl ruhen lassen.

WEIHNACHTSBÄCKEREI

DRESDNER STOLLEN

Für 2 Stollen à 800 g

Früchte:

500 g Rosinen
60 g Orangeat
30 g Zitronat
2 EL Rum (30 ml)
30 g Mandelsplitter

Vorteig:

100 ml Milch
50 g Hefe
50 g Honig
200 g Mehl Type 550

Hauptteig:

210 g kalte Butter
1,5 TL Salz (8 g)
80 g Marzipanrohmasse
die abgeriebene Schale einer ½ unbehandelten Zitrone
Mark einer ½ Vanilleschote
200 g Mehl Type 550

Fertigstellung:

260 g Butter
Zucker zum Wälzen des Stollens

1. Am Vortag Rosinen, Orangeat und Zitronat mischen, mit Rum beträufeln und durchziehen lassen. Nicht kalt stellen!
2. Für den Vorteig die Milch mit der Hefe und dem Honig verrühren. Das Mehl zugeben und durch starkes Kneten einen festen Teig erstellen. Abgedeckt, mit Mehl bestäubt im Kühlschrank gehen lassen, bis die Mehldecke stark gerissen ist.
3. Butter, Salz, Marzipanrohmasse, Zitronenschale, Vanillemark und Mehl zu einer glatten Masse verarbeiten.
4. Vor- und Hauptteig mischen und kneten, bis ein glatter Hefeteig entstanden ist.
5. Die Früchte und Mandelsplitter zügig und ohne viel Kneten unter den Teig mengen, damit sie nicht zerdrückt werden. Den Teig teilen, zu zwei Kugeln formen und 20 Minuten kühl stellen.
6. Die Teigkugeln jeweils in eine längliche Form (ca. 20 cm) bringen und erneut 20 Minuten kühl stellen. Die Ruhepausen sind wichtig, da sie ein Reißen des Hefeteiges verhindern.
7. Den Teigrollen die typische Stollenform geben: mit einem Rollholz ein Drittel der Rolle längs flachdrücken, nach oben klappen und andrücken.
8. Die Stollen werden im vorgeheizten Ofen 15 Minuten bei 200 Grad, dann weitere 45 Minuten bei 170 Grad gebacken.
9. Nach dem Backen die Stollen sofort mit 200 g zerlassener Butter bestreichen und in Zucker wälzen. Vorgang am nächsten Tag mit 60 g Butter und Zucker wiederholen. In Alufolie gewickelt und bei 10-12 Grad gelagert, ist dieser Stollen sehr gut haltbar. Er gewinnt mit der Zeit an Geschmack.

LEICHTER ADVENTSSTOLLEN

Früchte:

400 g Sultaninen
50 g Orangeat
2 EL Grand Marnier (30 ml)

Vorteig:

200 ml Milch
70 g Hefe
250 g Mehl Type 550

Hauptteig:

350 g Butter
125 g Zucker
7 Eier (400 g)
4 Eigelb (80 g)
1 TL Salz (5 g)
abgeriebene Schale von 2 unbehandelten Orangen
550 g Mehl Type 550

1. Am Vortag die Früchte mit Grand Marnier beträufeln und gut durchziehen lassen. Nicht kalt stellen!
2. Für den Vorteig die lauwarme Milch mit der Hefe verrühren und mit dem Mehl zu einem Teig verkneten. Anfangs ist der Teig sehr weich, nach längerem, kräftigem Kneten (ca. 10 Minuten) wird er jedoch fester. Abgedeckt bei Zimmertemperatur 20-30 Minuten ruhen lassen.
3. Den Vorteig mit den Zutaten für den Hauptteig mischen. Sehr gut durchkneten und 30 Minuten gehen lassen.
4. Den Teig durchkneten und zu einer Kugel formen. Erneut 30 Minuten gehen lassen.
5. Zum Schluß die eingeweichten Früchte einarbeiten, den Teig halbieren, zwei ovale Laibe mit glatter Oberfläche formen und auf ein mit Backpapier belegtes Blech legen.
6. Die Stollen an einer Seite der Länge nach ca. 1 cm tief einschneiden. Im vorgeheizten Ofen bei 160-170 Grad ca. 40 Minuten backen.

Hinweis:
Dieser besonders leichte Stollen ist zum baldigen Verzehr bestimmt, da er durch lange Lagerung nicht an Geschmack gewinnt.

Es gab eine Zeit, da galt die Weitergabe eines Rezeptes als mindestens so schwerwiegend wie Landesverrat. Solch ein Geheimnis machten die Dresdner um ihren Stollen. Einige wollten die Hefeteig-Spionage sogar mit hohen Geldstrafen belegt sehen. Posthum ein Dank an den, der sich "schuldig" gemacht hat. Diese Seiten sind gleich doppelt verräterisch. Sie zeigen unsere Version des Originals und eine marzipanlose Abwandlung.

WEIHNACHTSSTOLLEN

Für eine Stollenform

Teig:
450 g Mehl
110 g lauwarme Vollmilch
35 g Zucker
1 Würfel frische Hefe
90 g Rosinen
70 g Korinthen
135 g geschmolzene Butter
5 Eigelb
70 g abgezogene, grob gehackte Mandeln
50 g fein gewürfeltes Zitronat
50 g fein gewürfeltes Orangeat
1 EL Rum
1 TL Vanillezucker
abgeriebene Schale einer unbehandelten Zitrone
1 TL Salz
etwas Butter und Mehl für die Stollenform
100 g geschmolzene Butter zum Bestreichen

Zum Bestreuen:
100 g Puderzucker
1 TL gemahlener Piment

1. Das Mehl in eine große Schüssel sieben.
2. Die Milch mit dem Zucker, der zerbröckelten Hefe sowie 5 EL des gesiebten Mehls mischen.
3. Den Hefebrei mit einem Tuch abgedeckt ca. 20 Minuten an einem warmen Ort gehen lassen.
4. Die Rosinen und Korinthen waschen, abtropfen lassen und mit Küchenpapier trockentupfen.
5. Das gesiebte Mehl, die lauwarme Butter, das Eigelb und den Hefebrei mit den Knethaken eines elektrischen Handrührgerätes zu einem glatten Teig verkneten.
6. Rosinen, Korinthen, Mandeln, Zitronat, Orangeat, Rum, Vanillezucker, Zitronenschale und das Salz zum Teig geben und alles gut verkneten.
7. Mit einem Tuch abgedeckt an einem warmen Ort so lange gehen lassen, bis sich der Teig verdoppelt hat.
8. Eine Stollenform buttern und mit Mehl ausstreuen. Überschüssiges Mehl durch Stürzen der Form entfernen.
9. Den aufgegangenen Teig erneut durchkneten, in die Stollenform legen und abgedeckt 30 Minuten gehen lassen, bis der Teig die Form zu dreiviertel ausfüllt.
10. Die Form mit dem Teig so auf ein mit Backpapier ausgelegtes Backblech setzen, daß die Form nach oben zeigt.
11. Im vorgeheizten Backofen bei 170 Grad zunächst 45 Minuten backen.
11. Die Form abheben und den Stollen ohne Form 20 – 30 Minuten weiterbacken.
12. Den fertig gebackenen Stollen aus dem Ofen nehmen und sofort mit der flüssigen Butter einpinseln. Sobald sie vom Stollen aufgesogen worden ist, erneut bestreichen, bis sämtliche Butter verbraucht ist.
13. Den gesiebten Puderzucker mit dem Piment mischen.
14. Den Stollen dick damit bestäuben und auskühlen lassen.
15. In Klarsichtfolie einschlagen, zwei bis vier Wochen ruhen lassen.

KÜRBISKERN-KUCHEN

Für eine 20 cm lange Kastenform

Teig:
5 Eigelb
3 EL flüssiger Honig
3 EL Rum
½ Päckchen Backpulver
Salz
5 Eiweiß
60 g Zucker
140 g gemahlene Kürbiskerne
70 g geriebene Bitterkuvertüre
50 g Mehl
30 g flüssige Butter
etwas Butter und Mehl für die Form

Füllung:
150 g Preiselbeer- oder Heidelbeerkonfitüre mit ganzen Früchten

Zum Bestäuben:
Puderzucker

1. Eigelb, Honig, Rum, Backpulver und eine Prise Salz mischen und mit den Schneebesen eines elektrischen Handrührgerätes so lange schaumig rühren, bis eine cremige Masse entstanden ist.
2. Das Eiweiß mit den gesäuberten Schneebesen steif schlagen, dabei den Zucker langsam einrieseln lassen.
3. Den Eischnee vorsichtig unter die Eigelbmasse mischen.
4. Gemahlene Kürbiskerne, geriebene Kuvertüre und Mehl vorsichtig unterheben.
5. Zum Schluß die lauwarme Butter in den Teig laufen lassen und alles vorsichtig glattrühren.
6. Die Kastenform buttern und mit Mehl ausstreuen; überschüssiges Mehl durch Stürzen der Form entfernen.
7. Den Teig hineingeben und im vorgeheizten Backofen bei 180 Grad ca. 35 – 45 Minuten backen.
8. Den Kürbiskernkuchen in der Form auskühlen lassen, dann stürzen.
9. Den Kuchen zweimal waagerecht durchschneiden, so daß drei gleich große rechteckige Platten entstehen.
10. Die untere Kuchenplatte mit der Hälfte der Konfitüre bestreichen, die mittlere Platte daraufsetzen, die übrige Konfitüre darauf verteilen und die obere Kuchenplatte obenauf setzen.
11. Den fertigen Kürbiskernkuchen dick mit Puderzucker bestäuben; abgedeckt aufbewahren.

ADVENTSNAPFKUCHEN

Für eine Gugelhupfform von 22 cm Durchmesser oder für 8 kleine Förmchen von 11 cm Durchmesser und 6 cm Höhe

Teig:
360 g Mehl
1 Würfel frische Hefe
0,1 l lauwarme Vollmilch
120 g Zucker
3 Eigelb
2 Eier
180 g weiche Butter
70 g gewürfeltes Orangeat
70 g gewürfeltes Zitronat
70 g Rosinen
abgeriebene Schale einer halben, unbehandelten Orange
abgeriebene Schale einer halben, unbehandelten Zitrone
eine Prise Salz
20 g flüssige Butter für die Förmchen
40 g Mandelblättchen zum Ausstreuen der Förmchen

Zum Bestreichen:
150 g Läuterzucker (siehe Seite 215)
6 EL Orangenlikör

Zum Bestreuen:
Puderzucker

1. 125 g Mehl, die zerbröckelte Hefe und die Milch zu einem Brei verrühren.
2. Abgedeckt an einem warmen Ort 30 Minuten gehen lassen.
3. Übriges Mehl, Zucker, Eigelb, Eier, Butter, Orangeat, Zitronat, Rosinen, Orangen- und Zitronenschale sowie Salz zu dem Hefebrei in die Schüssel geben und alles mit den Knethaken eines elektrischen Handrührgerätes zu einem glatten Teig verkneten.
4. Mit einem sauberen Tuch abgedeckt an einem warmen Ort etwa 45 Minuten gehen lassen.
5. Die Förmchen oder die Form mit Butter auspinseln und mit den Mandelblättchen ausstreuen.
6. Jede Form zu dreiviertel mit dem Teig füllen, nochmals ca. 10 – 20 Minuten gehen lassen.
7. Im vorgeheizten Backofen bei 180 Grad die kleinen Förmchen ca. 30 Minuten, die große Form ca. 60 Minuten backen.
8. Zum Bestreichen den Läuterzucker mit dem Orangenlikör mischen.
9. Den Adventsnapfkuchen zum Auskühlen auf ein Kuchengitter stürzen.
10. Danach gleichmäßig mit der Läuterzucker-Orangenlikör-Mischung bestreichen.
11. Zum Schluß mit Puderzucker bestäuben. In Klarsichtfolie verpakken; so ist der Gugelhupf ca. 14 Tage lagerfähig. Ein ideales Geschenk in der Vorweihnachtszeit.

ULLAS HASELNUSSTORTE

Für eine Springform mit 22 cm Durchmesser

200 g Butter
100 g Zucker
1 Ei
100 g gemahlene, geröstete Haselnüsse
1 Msp Zimt
200 g Mehl
etwas Butter für die Form
2 EL Semmelbrösel
200 g Pflaumenmus
1 Eigelb zum Bestreichen
120 g grob gehackte Haselnüsse zum Bestreuen
Puderzucker

1. Butter, Zucker, Ei, Haselnüsse, Zimt und Mehl zu einem glatten Teig verarbeiten.
2. Die Springform buttern.
3. Zwei Drittel des Teiges in einen Spritzbeutel mit großer Lochtülle geben und den Boden der Springform gleichmäßig ausspritzen.
4. Den Rand etwas höher spritzen.
5. Den Teig gleichmäßig mit den Semmelbröseln bestreuen und das Pflaumenmus daraufstreichen.
6. Das restliche Drittel des Teiges in einen Spritzbeutel mit kleiner Lochtülle geben und wie ein Gitter auf das Pflaumenmus spritzen.
7. Das Eigelb verquirlen und das Teiggitter damit bestreichen.
8. Mit den Haselnüssen bestreuen und im vorgeheizten Backofen bei 180 Grad ca. 35 Minuten backen.
9. Die Haselnußtorte aus dem Ofen nehmen, den Springformrand vorsichtig lösen und entfernen.
10. Die Torte auf dem Springformboden auskühlen lassen und mit Puderzucker bestäuben.
11. Die Haselnußtorte mit einer Tortenscheibe vorsichtig vom Springformboden lösen und auf eine Tortenplatte legen.
12. Abgedeckt aufbewahren und möglichst erst nach einer Woche anschneiden, damit sich die Haselnußtorte geschmacklich voll entwickeln kann.

FRÜCHTEKUCHEN

Gugelhupfform: 1 l Inhalt

Für die Form:

etwas Butter
gehobelte Mandeln

Früchte:

200 g Sultaninen
60 g Zitronat
60 g Orangeat
30 g Belegkirschen
200 ml Rum

Teig:

60 g Nougat
60 g Halbbitterkuvertüre
200 g weiche Butter
160 g Zucker
40 g Marzipanrohmasse
2 Prisen Salz
Mark einer ½ Vanilleschote
Saft einer ½ Zitrone
3 Eier (170 g)
260 g Mehl Type 550
1 TL Backpulver (3 g)

1. Am Vortag die Früchte hacken, mit Rum beträufeln und durchziehen lassen.

2. Die Gugelhupfform fetten und mit gehobelten Mandeln ausstreuen.

3. Nougat und Kuvertüre kurz anfrieren lassen.

4. Butter, Zucker, Marzipanrohmasse, Salz und Vanillemark mit den Knethaken eines elektrischen Handrührgerätes glattarbeiten. Dann nach und nach den Zitronensaft und die verquirlten Eier unterrühren. Alle Zutaten müssen Zimmertemperatur haben. Zum Schluß das mit Backpulver vermischte und gesiebte Mehl untermelieren.

5. Kuvertüre und Nougat hacken. Zusammen mit den auf Küchenkrepp abgetropften Früchten vorsichtig unterheben. Die Masse in die vorbereitete Form geben und im vorgeheizten Ofen bei 150 Grad ca. 110-120 Minuten backen. Sollte die Oberfläche zu stark bräunen, ein Stück Pergament auflegen.

6. Nach dem Backen auf ein Kuchengitter stürzen und in der Form auskühlen lassen.

BERNHARDS ZILLERTALER ZELTEN

Der Zillertaler Zelten ist ein saftiges Früchtebrot

Füllung:

125 g Korinthen
125 g Rosinen
500 g fein gewürfelte getrocknete Feigen
160 g fein gewürfelte getrocknete Datteln
¼ l Obstler oder Rum

Teig:

450 g Mehl
0,1 l lauwarme Vollmilch
50 g Hefe
120 g weiche Butter
2 Eier
½ TL gemahlener Sternanis
½ TL Zimt
½ TL gemahlener Piment
abgeriebene Schale einer unbehandelten Orange
½ TL Salz
1 Eigelb zum Bestreichen
etwas Wasser

Zum Verzieren:

40 abgezogene Mandeln
Puderzucker

1. Die Zutaten für die Füllung bereits am Vortag miteinander vermischen und abgedeckt über Nacht im Kühlschrank durchziehen lassen.
2. Für den Teig das Mehl in eine Schüssel sieben und eine Vertiefung in die Mitte drücken.
3. Die Milch und die zerbröckelte Hefe in die Mulde geben, etwas verrühren und abgedeckt an einem warmen Ort 30 Minuten gehen lassen.
4. Butter, Eier, Sternanis, Zimt, Piment, Orangenschale und Salz dazugeben und alles mit den Knethaken eines elektrischen Handrührgerätes zu einem glatten Teig verkneten.
5. Mit einem Tuch abgedeckt an einem warmen Ort ca. 1 Stunde lang gehen lassen.
6. Ein Drittel des Teiges abnehmen und für die Hülle beiseite legen.
7. Den übrigen Teig mit den eingelegten Früchten verkneten und abgedeckt nochmals 30 Minuten gehen lassen.
8. Das beiseite gelegte Teigdrittel auf einer mit Mehl bestäubten Arbeitsfläche zu einem 35 x 40 cm großen Rechteck ausrollen.
9. Das Eigelb mit etwas Wasser verquirlen und den Teig damit bestreichen.
10. Aus dem Früchteteig eine Rolle formen, diese auf den ausgerollten Teig legen und darin einhüllen.
11. Auf ein mit Backpapier ausgelegtes Backblech legen.
12. Mehrmals mit einer Gabel einstechen und die übrige Eigelb-Wasser-Mischung daraufstreichen.
13. Die Mandeln darauflegen und andrücken.
14. Den Teig nochmals 30 Minuten gehen lassen, dann im vorgeheizten Backofen bei 200 Grad ca. 1 Stunde backen.
15. Aus dem Ofen nehmen, dick mit Puderzucker bestäuben und bei 250 Grad im Backofen so lange nachbacken, bis der Puderzucker karamelisiert ist.
16. Während dieser Zeit das Früchtebrot ständig beobachten, denn wenn der Zucker zu bräunen beginnt, ist er schnell karamelisiert.
17. Das Früchtebrot auf einem Kuchengitter auskühlen lassen; in Aluminiumfolie verpacken und vor dem Anschneiden mindestens eine Woche ruhen lassen.

MOHN-MAKRONEN-KUCHEN

Für eine 25 cm lange Kastenform

Mohnteig:
200 g Butter
175 g Zucker
1 EL Vanillezucker
2 Eier
2 Eigelb
eine Prise Salz
1 TL Backpulver
150 g Mehl
100 g fein gemahlener Mohn

Makronenteig:
2 Eiweiß
100 g Zucker
1½ TL gemahlener Sternanis
3 Tropfen Orangenblütenöl
175 g gemahlene Mandeln

1. Für den Mohnteig Butter, Zucker und Vanillezucker so lange mit den Schneebesen eines elektrischen Handrührgerätes schaumig schlagen, bis der Zucker völlig aufgelöst ist.
2. Unter ständigem Rühren die Eier, das Eigelb und eine Prise Salz nacheinander zugeben.
3. Backpulver, Mehl und Mohn mit einem Rührlöffel unterrühren.
4. Die Kastenform mit Backpapier auslegen oder buttern und mit Mehl ausstreuen.
5. Den Mohnteig hineingeben und kühl stellen.
6. Für den Makronenteig das Eiweiß mit den gesäuberten Schneebesen steif schlagen.
7. Den Zucker dabei langsam einrieseln lassen und so lange weiterschlagen, bis eine cremige Masse entsteht.
8. Sternanis, Orangenblütenöl und schließlich die Mandeln unterheben.
9. Die Kastenform aus dem Kühlschrank nehmen. Mit einem Löffel der Länge nach eine 4 cm breite und 4 cm tiefe Mulde in den Mohnteig drücken.
10. Den Makronenteig hineingeben und glattstreichen.
11. Im vorgeheizten Backofen bei 170 Grad ca. 1¼ Stunden backen.
12. Den Kuchen in der Form 10 – 15 Minuten ruhen lassen, dann stürzen und das Backpapier abziehen.
13. Abgedeckt aufbewahren. Dieser Kuchen ist sehr saftig und daher gut lagerfähig.

WEIHNACHTSTORTE

Für eine Springform mit 26 cm Durchmesser

Teig:
140 g gemahlene Mandeln
7 Eigelb
140 g Zucker
7 Eiweiß
80 g fein geriebene Bitterkuvertüre

Marzipancreme:
100 g Puderzucker
250 g weiche Butter
200 g Marzipanrohmasse
4 Eigelb
6 EL Mandellikör

Zum Belegen und Verzieren:
200 g Marzipanrohmasse
200 g Puderzucker

Zum Tränken:
100 g Läuterzucker (siehe Seite 215)
4 EL Mandellikör

Glasur:
500 – 600 g Kuvertüre

Zum Bestreuen:
3 EL Kakaopulver
Puderzucker

1. Die Mandeln in einer heißen Pfanne goldbraun rösten; beiseite stellen.
2. Eigelb und 90 g des Zuckers mit den Schneebesen eines elektrischen Handrührgerätes in einem Wasserbad warm aufschlagen.
3. Herausnehmen und unter ständigem Schlagen abkühlen lassen.
4. Das Eiweiß mit den gesäuberten Schneebesen steif schlagen, dabei den übrigen Zucker einrieseln lassen.
5. Abwechselnd die gerösteten Mandeln, die geriebene Kuvertüre und den Eischnee unter die Eigelbmasse heben.
6. Den Boden der Springform mit Backpapier auslegen und den Teig hineingeben.
7. Im vorgeheizten Backofen bei 180 Grad ca. 40 Minuten backen.
8. Für die Marzipancreme den gesiebten Puderzucker mit der Butter schaumig schlagen, bis eine cremige Masse entsteht.
9. Das zerbröckelte Marzipan mit dem Eigelb und dem Mandellikör glattrühren.
10. Diese Masse durch ein feines Sieb zu der Butter-Puderzucker-Creme streichen, beides miteinander mischen und beiseite stellen.
11. Die Marzipanrohmasse zum Belegen und Verzieren mit dem gesiebten Puderzucker glattkneten. In Klarsichtfolie einschlagen und beiseite stellen.
12. Den Läuterzucker mit dem Mandellikör zum Tränken der Torte verrühren. Beiseite stellen.
13. Den Tortenboden aus dem Ofen nehmen und in der Form auskühlen lassen.
14. Den Springformrand vorsichtig entfernen und den Tortenboden stürzen.

15. Den Springformboden abnehmen und das Backpapier vorsichtig abziehen.
16. Den Tortenboden zweimal waagerecht durchschneiden, so daß drei gleich dicke Gebäckscheiben entstehen.
17. Den Marzipanteig aus der Folie wickeln, halbieren und nacheinander auf einer dick mit Puderzucker bestäubten Arbeitsfläche 2 mm dünn ausrollen.
18. Mit dem leeren Springformrand zwei Marzipankreise ausstechen.
19. Den übrigen Marzipanteig wieder zusammenkneten und in Folie einwickeln.
20. Den untersten Tortenboden 2 mm dick mit der Marzipancreme bestreichen und einen Marzipankreis darauflegen.
21. Darauf wieder eine 2 mm dicke Marzipancremeschicht streichen und mit dem zweiten Tortenboden belegen.
22. Mit der Hälfte der Läuterzucker-Mandellikör-Mischung tränken.
23. Wieder eine 2 mm dicke Cremeschicht daraufstreichen, mit dem zweiten Marzipankreis belegen und darauf ebenfalls 2 mm Creme streichen.
24. Den letzten Tortenboden obenauf legen.
25. Mit der übrigen Flüssigkeit tränken und die ganze Torte, einschließlich des Tortenrandes mit der übrigen Creme bestreichen.
26. Die Torte ca. 2 Stunden gut durchkühlen lassen.
27. Für die Glasur die Kuvertüre schmelzen und temperieren.
28. Die Torte mit etwa zwei Drittel der Kuvertüre überziehen.
29. Den glasierten Tortenrand mit einem Sägemesser wellenförmig verzieren und vorsichtig mit Kakaopulver bestäuben.
30. Die übrige Kuvertüre dünn auf zwei glatte, rechteckige Platten streichen und bei Zimmertemperatur fast fest, aber nicht hart werden lassen.
31. Dann die Kuvertüre mit einem Metallspachtel in 5 cm breiten Bahnen schnell und ruckartig von den Platten schieben.
32. Die zusammengerollte Kuvertüre vorsichtig wie eine Blume auf der Torte anrichten (siehe Foto).
33. Den übrigen Marzipanteig aus der Folie nehmen, auf einer mit Puderzucker bestäubten Arbeitsfläche dünn ausrollen und kleine Weihnachtsmotive ausstechen.
34. Nach Belieben auf ein Backblech legen und unter einem vorgeheizten Grill leicht anbräunen lassen.
35. Die Torte damit verzieren und dünn mit Puderzucker bestäuben. Kühl aufbewahren.

BÄRENTATZEN

Für ca. 45 Bärentatzen

Teig:

250 g Butter
125 g Puderzucker
1 TL Vanillezucker
1 Ei
125 g gemahlene, geröstete Mandeln
1 TL gemahlener Ingwer
1 TL gemahlener Piment
abgeriebene Schale einer unbehandelten Orange
250 g Mehl

Füllung:

150 g Hagebutten-konfitüre

Glasur:

130 g Kuvertüre

1. Butter, Puder- und Vanillezucker mit den Schneebesen eines elektrischen Handrührgerätes glattrühren.
2. Das Ei dazugeben, die Mandeln, den Ingwer, den Piment, die Orangenschale und das Mehl unterrühren.
3. Den Teig in einen Spritzbeutel mit Sterntülle geben und Bärentatzenhälften auf ein mit Backpapier ausgelegtes Backblech spritzen. Dabei genügend Platz zwischen den einzelnen Hälften lassen, weil der Teig beim Backen etwas auseinanderläuft.

4. Etwa eine Stunde kühl stellen.
5. Im vorgeheizten Backofen bei 200 Grad ca. 15 Minuten backen.
6. Die Bärentatzenhälften auskühlen lassen.
7. Die Hälfte davon auf der flachen Rückseite mit der Konfitüre bestreichen und die übrigen Bärentatzenhälften daraufsetzen.
8. Für die Glasur die Kuvertüre schmelzen, temperieren und die Bärentatzen mit der Spitze hineintauchen.
9. Abtropfen lassen und zum Trocknen auf Pergamentpapier legen.
10. Die Bärentatzen in eine Gebäckdose schichten. Jede Schicht mit Pergamentpapier abdecken.

SCHOKOLADEN-KATZENZUNGEN

Für ca. 25 Stück
(Foto unten, rechts)

Teig:
125 g gemahlene Haselnüsse
120 g Zucker
3 Eiweiß
1 EL Vanillezucker
20 g fein geriebene Bitterkuvertüre
½ EL Kakaopulver

Glasur:
100 g weiße Schokolade
10 g Kokosfett
50 g Bitterkuvertüre

1. Die Haselnüsse und 40 g Zucker in eine Pfanne geben und unter Rühren hellbraun rösten. Beiseite stellen.
2. Das Eiweiß mit den Schneebesen eines elektrischen Handrührgerätes steif schlagen.
3. Den übrigen Zucker und den Vanillezucker dabei einrieseln lassen; so lange weiterschlagen, bis eine cremeartige Masse entstanden ist.
4. Kuvertüre, Kakao und abgekühlte Haselnüsse unterheben.
5. Ein Backblech mit Backpapier auslegen und den Teig in einen Spritzbeutel mit mittlerer Lochtülle geben.
6. Etwa 6 cm lange Teigstreifen auf das Backblech spritzen.
7. Im vorgeheizten Backofen bei 170 Grad ca. 15 Minuten backen.
8. Die Katzenzungen auskühlen lassen.
9. Für die Glasur die weiße Schokolade und das Kokosfett schmelzen, glattrühren und die Katzenzungen bis zur Hälfte hineintauchen.
10. Zum Trocknen auf Pergamentpapier legen.
11. Die Kuvertüre schmelzen und temperieren.
12. Die überzogenen Seiten der Katzenzungen mit der Spitze in die dunkle Kuvertüre tauchen.
13. Trocknen lassen und die Katzenzungen in eine Gebäckdose schichten. Jede Schicht mit Pergamentpapier abdecken.

INGWERHÄPPCHEN

Für ca. 45 Stück, in 5 x 2,5 cm großen, 1 cm tiefen Förmchen oder in kleinen Stanniolkapseln gebacken

Teig:

100 g flüssige Butter
120 g Zucker
4 Eiweiß
60 g Mehl
70 g gemahlene, geröstete Mandeln
5 g fein gehackte, eingelegte Ingwerknolle
1 TL Ingwerpulver
abgeriebene Schale einer unbehandelten Orange
20 g flüssige Butter für die Förmchen

Glasur:

100 g Bitterkuvertüre

Zum Verzieren:

45 Pinienkerne oder Mandelviertel

1. Lauwarme Butter, Zucker, Eiweiß, Mehl, Mandeln, Ingwer und Orangenschale miteinander zu einem glatten Teig verrühren.
2. Die Förmchen mit Butter auspinseln.
3. Den Teig in einen Spritzbeutel mit kleiner Lochtülle geben und die Förmchen zu dreiviertel damit füllen.
4. Im vorgeheizten Backofen bei 220 Grad ca. 12 – 15 Minuten backen.

5. Auskühlen lassen.
6. Vorsichtig aus den Förmchen nehmen.
7. Für die Glasur die Kuvertüre schmelzen, temperieren und die obere Seite der Ingwerhäppchen hineintauchen.
8. Kurz bevor die Kuvertüre trocken ist, die Ingwerhäppchen mit Pinienkernen verzieren.
9. Das Gebäck möglichst nebeneinander in einer Dose aufbewahren.

MANDEL-HÄUFCHEN

Für ca. 30 Stück
(Foto unten, links)

200 g Mandelstifte
2 EL Läuterzucker
(siehe Seite 215)
90 g Vollmilchkuvertüre

1. Die Mandelstifte gut mit dem Läuterzucker mischen.
2. Auf einem Backblech oder in einer Pfanne mit hitzebeständigen Griffen verteilen.
3. Im vorgeheizten Backofen bei 200 Grad in ca. 10 Minuten goldbraun anrösten. Die Mandeln während dieser Zeit gelegentlich umrühren und ständig beobachten, damit sie nicht zu stark bräunen.
4. Herausnehmen und auskühlen lassen. Ab und zu umrühren, damit sie nicht aneinander kleben.
5. Die Kuvertüre schmelzen, temperieren und die Mandelstifte dazugeben.
6. Beides gut miteinander vermengen, so daß alle Mandelstifte vollständig mit Kuvertüre überzogen sind.
7. Mit Hilfe von zwei Eßlöffeln kleine Häufchen von der Mandelsplittermasse abnehmen und zum Trocknen auf Backpapier setzen. Dabei sehr zügig arbeiten, weil die Kuvertüre verhältnismäßig schnell fest wird.
8. Die fest gewordenen Mandelhäufchen in eine Gebäckdose schichten; jede Schicht mit Pergamentpapier abdecken.

VANILLE-KIPFERLN

Für ca. 65 Stück

Teig:

- *50 g fein gemahlene Mandeln*
- *190 g Butter*
- *75 g Puderzucker*
- *2 Eigelb*
- *Mark einer Vanillestange*
- *abgeriebene Schale einer unbehandelten Zitrone*
- *60 g fein gemahlene Haselnüsse*
- *270 g Mehl*
- *eine Prise Salz*

Zum Wälzen:

- *150 g Puderzucker*
- *3 Päckchen Vanillezucker*
- *Mark einer Vanillestange*

1. Die Mandeln in einer heißen Pfanne bräunen; beiseite stellen und abkühlen lassen.
2. Die Butter in kleine Stücke schneiden.
3. Alle Zutaten für den Teig in eine Schüssel geben und mit den Knethaken eines elektrischen Handrührgerätes zu einem glatten Teig verkneten.
4. Den Teig in Klarsichtfolie wickeln und für 2 Stunden kühl stellen.
5. Ein Backblech mit Backpapier auslegen.
6. Aus dem Teig ca. 65 kleine Stränge formen und wie kleine Hörnche (Kipferln) zurechtbiegen.
7. Auf das Backblech setzen und im vorgehei ten Backofen bei 200 Grad ca. 12 – 15 Minuter backen.
8. Den Puderzucker sieben, mit Vanillezucker und -mark vermengen.
9. Die Kipferln leicht abkühlen lassen.
10. Kurz bevor sie ganz abgekühlt sind, vorsich in dem Vanille-Puderzucker wälzen.
11. Die fertigen Vanilleki ferln in einer Gebäckdose aufbewahren. Nac einer Woche schmecke sie am besten.

WEIHNACHTS-STERNE

Für 30 bis 50 Stück, je nach Größe der Ausstechform (Foto auf der Titelseite)

Teig:

375 g Mehl
125 g Puderzucker
2 Eigelb
1 Prise Salz
abgeriebene Schale einer halben Zitrone
250 g Butter

Glasur:

200 g Puderzucker
4 EL Zitronensaft
20 g Pistazienkerne

Für die Weihnachtsbäume:

150 g Himbeerkonfitüre
100 g Puderzucker

1. Mehl und Puderzucker separat durchsieben.
2. Puderzucker, Eigelb, Salz und abgeriebene Zitronenschale schlagen, bis eine helle und dickliche Creme entstanden ist.
3. Die weiche Butter daruntermischen, und das Mehl mit den Händen unterkneten.
4. Den Teig für 2 Stunden kühlstellen. Auf der leicht bemehlten Arbeitsfläche etwa 4 mm dick ausrollen, Sterne ausstechen und auf das Backblech legen.
5. Für zusammengesetzte Weihnachtsbäumchen benötigt man fünf Stern-Ausstechformen von etwa 1 bis 7 cm Größe.
6. Die Sterne im vorgeheizten Backofen bei 200 Grad 7 bis 10 Minuten goldgelb backen. Auf einem Rost abkühlen lassen.
7. Für die Weihnachtssterne den Puderzucker mit Zitronensaft glattrühren und die abgekühlten Sterne damit bestreichen. Auf jeden Stern eine halbe Pistazie setzen.
8. Für die Weihnachtsbäumchen die Konfitüre erwärmen, durch ein Sieb streichen und die Sterne damit zu Bäumchen zusammensetzen. Mit Puderzucker bestäuben.

WILHELMINE KLÖCKNERS ZIMTKARTEN

Für ca. 90 Stück, in einem Oblaten-Waffeleisen gebacken

Teig:
125 g Butter
280 g Puderzucker
3 Eier
45 g Kakaopulver
½ TL gemahlene Gewürznelken
20 g Zimt
3 EL Rum
340 g Mehl

Zum Bestreuen:
Puderzucker

1. Butter und Puderzucker mit den Schneebesen eines elektrischen Handrührgerätes schaumig rühren.
2. Unter ständigem Rühren nach und nach die Eier dazugeben.
3. Mit Kakao, Gewürznelken, Zimt, Rum und Mehl zu einem glatten Teig verarbeiten.
4. Den Teig mindestens 6 Stunden abgedeckt im Kühlschrank ruhen lassen.
5. Ein Oblaten-Waffeleisen vorheizen.
6. Aus dem Teig mit nassen Händen kirschgroße Kugeln formen.
7. Auf jede Waffelkarte des Eisens eine Kugel legen.
8. Die Teigkugeln beim Zusammenklappen des Eisens fest in die Waffelkarten drücken und in ca. 3 Minuten gut ausbacken.
9. Die aneinanderklebenden Waffeln noch heiß auseinanderschneiden, damit sie nicht zerbrechen.
10. Die fertigen Waffeln auskühlen lassen und leicht mit Puderzucker bestäuben.
11. Etwa zwei bis drei Wochen in einer Gebäckdose aufbewahren, dann sind sie schön mürbe.

ZIMTSTERNE

Für ca. 80 Stück

Teig:
200 g weiche Butter
150 g Zucker
20 g Vanillezucker
2 Eigelb
250 g Mehl
70 g abgezogene, gemahlene Mandeln
2 TL Zimt
eine Prise Salz

Zum Bestreichen:
2 Eigelb
2 EL Vollmilch

Zum Verzieren:
175 g abgezogene, halbierte Mandeln

1. Butter, Zucker und Vanillezucker mit den Schneebesen eines elektrischen Handrührgerätes schaumig schlagen, bis der Zucker völlig aufgelöst ist.
2. Nacheinander das Eigelb, eine Prise Salz, das Mehl und die Mandeln unterrühren.
3. Zum Schluß den Zimt untermischen und den Teig abgedeckt etwa 6 Stunden im Kühlschrank ruhen lassen.
4. Den Teig in Sechstel aufteilen und nacheinander auf einer bemehlten Arbeitsfläche oder zwischen zwei Blatt Klarsichtfolie etwa 2 mm dünn ausrollen.
5. Mit einer Ausstechform Sterne ausstechen und auf ein mit Backpapier ausgelegtes Backblech legen.
6. Das Eigelb mit der Milch verquirlen und die Sterne damit bestreichen.
7. Jeden Stern in der Mitte mit einer halbierten Mandel verzieren.
8. Im vorgeheizten Backofen bei 175 Grad etwa 10 Minuten backen.
9. Die Zimtsterne auskühlen lassen.
10. In eine Gebäckdose schichten. Nach 10 – 14 Tagen sind sie schön mürbe und zart.

IRMIS WALNUSS-STANITZEL

Für ca. 20 Stück

Teig:
125 g Mehl
2 Eigelb
½ EL saure Sahne
125 g kalte Butter
etwas Mehl zum Ausrollen
1 Eigelb zum Bestreichen

Füllung:
2 Eiweiß
125 g Zucker
125 g gemahlene Walnüsse

Glasur:
50 g Puderzucker
2 EL Wasser oder Rum

Zum Verzieren:
50 g Kuvertüre

1. Das Mehl in eine Schüssel sieben und eine Mulde in die Mitte drücken.
2. Eigelb und saure Sahne miteinander verrühren, in die Mehlmulde gießen und die Butter in kleinen Flöckchen auf den Mehlrand setzen.
3. Mit den Knethaken eines elektrischen Handrührgerätes schnell zu einem glatten Teig verkneten.
4. Mit Klarsichtfolie abgedeckt über Nacht in den Kühlschrank stellen.
5. Am nächsten Tag das Eiweiß für die Füllung steif schlagen.
6. Dabei den Zucker einrieseln lassen und so lange schlagen, bis eine cremeartige Masse entstanden ist.
7. Die Walnüsse vorsichtig unterheben.
8. Den gekühlten Teig a einer mit Mehl bestäub ten Arbeitsfläche etwa 3 mm dünn ausrollen und Kreise von 7 cm Durchmesser ausstechen.
9. Das Eigelb mit etwas Wasser verquirlen; die Teigkreise damit bestreichen.
10. In die Mitte jeweils e kleines Häufchen von d Füllung setzen.
11. Den Teig so um die Füllung herumlegen, da kleine Tütchen entsteh und auf ein mit Backpapier ausgelegtes Backblech legen.
12. Möglichst noch einmal kühl stellen, damit die Stanitzel beim Backen ihre Form behalten.
13. Im vorgeheizten Backofen bei 170 Grad ca. 15 Minuten backen. Auskühlen lassen.

14. Für die Glasur den gesiebten Puderzucker mit dem Wasser oder dem Rum glattrühren.
15. Die Gebäcktütchen bis auf die Füllung mit der Glasur überziehen und zum Trocknen auf Pergamentpapier legen.
16. Zum Verzieren die Kuvertüre schmelzen, temperieren und in ein Pergamentpapiertütchen füllen.
17. Eine winzige Spitze von dem Tütchen abschneiden; die Ränder an der Füllung und die Spitzen der Walnußstanitzel damit verzieren.
18. Sobald die Kuvertüre getrocknet ist, die Walnußstanitzel in eine Gebäckdose schichten. Jede Schicht mit Pergamentpapier abdecken.

CHRISTAS NUSSPFENNIGE

Für ca. 200 Stück

190 g Mehl
65 g Speisestärke
1 TL Backpulver
125 g Zucker
2 Päckchen Vanillezucker
1 Ei
3 Tropfen Bittermandelöl
abgeriebene Schale einer unbehandelten Zitrone
125 g geviertelte Haselnüsse
125 g Butter

1. Alle Zutaten in eine Schüssel geben; die Butter dabei in Flöckchen zerteilen.
2. Zu einem glatten Teig verkneten.
3. Den Teig in kleine Portionen aufteilen und zu pfennigdicken Rollen formen.
4. Auf ein Brett oder eine Platte legen und abgedeckt kühl stellen.
5. Die gut durchgekühlten, festen Teigstränge gegebenenfalls noch einmal leicht in Form rollen; dann mit einem scharfen Messer in ½ cm dicke Scheiben schneiden.
6. Ein Backblech mit Backpapier auslegen und die Teigpfennige darauflegen.
7. Im vorgeheizten Backofen bei 200 – 220 Grad ca. 10 Minuten backen.
8. Auskühlen lassen und dann in einer Gebäckdose gut verschlossen aufbewahren. Nach einer Woche schmecken die Nußpfennige am besten.

ERDNUSS-SCHIFFCHEN

Für ca. 48 Stück, in 6 cm langen Schiffchenformen gebacken.

Teig:
120 g Mehl
30 g Puderzucker
65 g Butter
2 Eigelb
1 TL Vanillezucker
abgeriebene Schale je einer halben unbehandelten Zitrone und Orange
eine Prise Salz
etwas Mehl zum Ausrollen und Butter für die Förmchen

Füllung:
70 g süße Sahne
20 g Butter
150 g Vollmilchkuvertüre
50 g Erdnußkerne
1 TL Puderzucker

Zum Verzieren:
48 halbe Erdnußkerne

1. Alle Zutaten für den Teig in eine Schüssel geben und zu einem glatten Teig verkneten.
2. Etwa 2 Stunden abgedeckt im Kühlschrank ruhen lassen.
3. Inzwischen die Sahne für die Füllung mit der Butter aufkochen, dann beiseite stellen.
4. Die Kuvertüre zerkleinern, in der heißen Sahne auflösen und die Masse abkühlen lassen.
5. Alle Erdnüsse, auch die zum Verzieren, mit dem gesiebten Puderzucker in eine Pfanne geben, unter Rühren anrösten, beiseite stellen.
6. Den gekühlten Teig auf einer mit Mehl bestäubten Arbeitsfläche 2 mm dünn ausrollen.
7. Die Schiffchenformen buttern, dicht nebeneinanderstellen und den Teig mit Hilfe des Nudelholzes darauflegen.
8. Mit der Hand in die Förmchen drücken und den überstehenden Teig entfernen.
9. Den Teig in den Förmchen mit einer Gabel einstechen, damit sich beim Backen keine Luftblasen bilden können.
10. Im vorgeheizten Backofen bei 200 Grad in ca. 10 – 12 Minuten hellbraun backen.

11. Auskühlen lassen, dann vorsichtig aus den Förmchen nehmen.
12. Zum Verzieren 48 Erdnußhälften beiseite legen.
13. Die übrigen Erdnüsse mittelfein hacken und unter die abgekühlte, aber nicht feste Sahne-Kuvertüre rühren.
14. In die gebackenen Schiffchen füllen und mit je einer halben Erdnuß verzieren.
15. Mit Folie abgedeckt kühl aufbewahren.

PFEFFERNÜSSE

Für ca. 80 Stück

190 g Zucker
2 Eier
1 EL Vanillezucker
250 g Mehl
½ Päckchen Backpulver
30 g gemahlene Mandeln
30 g fein gehacktes Zitronat
1 EL Zimt
1 kleine Msp gemahlene Gewürznelken
1 kleine Msp frisch gemahlener schwarzer Pfeffer

1. Zucker, Eier und Vanillezucker schaumig schlagen, die übrigen Zutaten dazugeben und alles zu einem glatten Teig verkneten. Abgedeckt eine Stunde kühl stellen.
2. Auf einer mit Mehl bestäubten Arbeitsfläche fingerdick ausrollen und Kreise von 3 cm Durchmesser ausstechen.
3. Auf Porzellanteller legen; mit einem Tuch abgedeckt an einem kühlen Ort ein bis zwei Tage trocknen lassen.
4. Die Teigkreise vor dem Backen umdrehen, auf ein mit Backpapier ausgelegtes Backblech setzen und im vorgeheizten Backofen bei 200 Grad 10 – 12 Minuten backen.
5. Auskühlen lassen.
6. Die Pfeffernüsse in eine Gebäckdose schichten. Mindestens 14 Tage ruhen lassen, damit die Gewürze gut durchziehen.

GULDENTALER

Für ca. 30 Stück

Teig:

65 g Butter
65 g Zucker
1 Ei
1 hartgekochtes Eigelb, durch ein Sieb gestrichen
120 g Mehl
½ TL Hirschhornsalz
etwas Mehl zum Formen

Zum Bestreichen:

1 Eigelb
1 TL süße Sahne
1 EL Eierlikör

Zum Bestreuen:

3 EL Farinzucker

1. Butter und Zucker mit den Schneebesen eines elektrischen Handrührgerätes schaumig rühren, bis der Zucker völlig aufgelöst ist.
2. Das Ei und das hartgekochte Eigelb untermischen.
3. Das Mehl dazugeben, das Hirschhornsalz in wenig Wasser auflösen und untermischen.
4. Alles zu einem glatten Teig verarbeiten und kühl stellen.
5. Den gekühlten Teig auf einer mit Mehl bestäubten Arbeitsfläche zu einer Rolle von ca. 3 cm Durchmesser formen.
6. In Klarsichtfolie wickeln und erneut für 1 Stunde kühl stellen.
7. Ein Backblech mit Backpapier auslegen, die Teigrolle in ½ cm dicke Scheiben schneiden und auf das Backblech legen.
8. Eigelb, Sahne und Eierlikör miteinander verrühren und die Plätzchen damit bestreichen.
9. Den Farinzucker darüberstreuen.
10. Im vorgeheizten Backofen bei 200 Grad ca. 10 Minuten backen.
11. Auskühlen lassen.
12. Die Guldentaler in einer Gebäckdose verschlossen aufbewahren. Nach etwa 10 – 14 Tagen Lagerung werden sie schön mürbe.

VANILLE-MAKRONEN-GEBÄCK

Für ca. 75 Stück

Grundteig:
330 g Mehl
280 g Butter
120 g Puderzucker
120 g abgezogene, fein gemahlene Mandeln
Mark einer Vanillestange
1 EL Rum
abgeriebene Schale einer unbehandelten Zitrone
eine Prise Salz

Teigrand:
200 g Marzipanrohmasse
2 Eigelb

Füllung:
150 g Johannisbeergelee
150 g Aprikosengelee
2 EL Wasser

1. Alle Zutaten für den Grundteig in eine Schüssel geben und mit den Knethaken eines elektrischen Handrührgerätes zu einem glatten Teig verkneten.
2. Den Teig in Klarsichtfolie einschlagen und 12 Stunden im Kühlschrank ruhen lassen.
3. Am nächsten Tag für den Teigrand die zerbrökkelte Marzipanrohmasse und das Eigelb miteinander verkneten.
4. In einen Spritzbeutel mit kleiner Sterntülle füllen, beiseite legen.
5. Den Grundteig aus dem Kühlschrank nehmen, die Folie entfernen.
6. Den Teig auf einer bemehlten Arbeitsfläche etwa 2 – 3 mm dünn ausrollen und nicht zu feine Weihnachtsmotive, z. B. Glocken, Tannenbäume, ausstechen.
7. Vorsichtig auf ein mit Backpapier ausgelegtes Backblech setzen und mit einer Gabel einstechen, damit sich beim Backen keine Luftbläschen bilden können.
8. Auf den Rand der Plätzchen eine Bordüre aus der vorbereiteten Marzipan-Eigelb-Masse spritzen.
9. Im vorgeheizten Backofen bei 200 Grad 12 – 15 Minuten backen.
10. Die fertigen Plätzchen auskühlen lassen.
11. In der Zwischenzeit für die Füllung die beiden Gelees getrennt voneinander mit je 1 EL Wasser verrühren und sirupartig einkochen lassen.
12. Beide Gelees glattrühren und etwas abkühlen lassen.
13. Aus Pergamentpapier zwei kleine Tütchen formen, jeweils mit Gelee füllen, verschließen und die Spitzen der Tütchen abschneiden.
14. Den Innenraum der Plätzchen abwechselnd mit rotem und gelbem Gelee ausfüllen.
15. Wenn das Gelee fest geworden ist, die Plätzchen in Gebäckdosen schichten; jede einzelne Schicht mit Pergamentpapier abdecken. Die Dosen gut verschließen.

FEIGENSCHÄUMCHEN

Für ca. 40 Backoblaten von 5 cm Durchmesser

160 g getrocknete Feigen
160 g Mandelstifte
2 Eiweiß
120 g Puderzucker
40 – 50 Backoblaten

1. Die Feigen fein würfeln, und die Mandelstifte unter ständigem Rühren in einer heißen Pfanne bräunen.
2. Das Eiweiß ca. 15 (!) Minuten lang mit den Schneebesen eines elektrischen Handrührgerätes sehr steif schlagen, dabei den gesiebten Puderzucker einrieseln lassen.
3. Die Feigen und die gebräunten Mandeln vorsichtig unter den Eischnee heben.
4. Mit Hilfe zweier Teelöffel kleine Häufchen von der Schaummasse abstechen und auf die Backoblaten setzen.
5. Auf ein Backblech legen und im vorgeheizten Backofen bei 170 Grad ca. 20 Minuten backen.
6. Die Feigenschäumchen auskühlen lassen, danach in eine Gebäckdose schichten. Jede Schicht mit Pergamentpapier abdecken. Gut verschlossen aufbewahren.

EINFACHE SCHÄUMCHEN

(Foto auf der Titelseite)

1. Feigen und Mandelstifte weglassen. Eiweiß, wie unter Punkt 2 beschrieben, mit dem Puderzucker schlagen.
2. Den Eischnee in einen Spritzbeutel mit Sterntülle füllen und gleichmäßige Tupfen auf die Oblaten setzen.
3. Mit Zuckerperlen bestreuen und bei 90 bis 100 Grad im Backofen für 2 bis 3 Stunden mehr trocknen als backen. Dabei die Backofentür einen Spalt breit offenlassen, damit die Feuchtigkeit entweichen kann.

MUTTIS SPAGATKRAPFEN

Für ca. 40 Stück

Teig:
250 g Mehl
30 g Puderzucker
1 Ei
abgeriebene Schale einer unbehandelten Zitrone
½ TL Zimt
3 EL Weißwein
125 g weiche Butter
eine Prise Salz
etwas Mehl zum Ausrollen
ca. 1 kg Butterschmalz zum Fritieren

Zum Wälzen:
200 g Puderzucker
1 EL Zimt

1. Alle Zutaten für den Teig in eine Schüssel geben.
2. Zu einem glatten Teig verkneten, mit Klarsichtfolie abdecken und mindestens 6 Stunden kühl stellen.
3. Den Teig auf einer mit Mehl bestäubten Arbeitsfläche 1 – 2 mm dünn ausrollen und mit einem Teigrädchen 5 x 8 cm große Rechtecke ausradeln.
4. Auf ein mit Mehl bestäubtes Blech legen und erneut kühl stellen.
5. Das Butterschmalz in einem Topf oder in einer Friteuse auf ca. 170 Grad erhitzen.
6. Ein Teigstück auf die Spagatkrapfenform (siehe Seite 217) klemmen, für ca. 3 – 5 Minuten in das heiße Butterschmalz halten und den hellbraun ausgebackenen Spagatkrapfen abtropfen lassen.
7. Von der Form auf ein mit einem Tuch ausgelegtes Blech schütteln.
8. Die übrigen Krapfen Stück für Stück auf die gleiche Weise herstellen.
9. Den Puderzucker sieben und mit dem Zimt vermischen.
10. Die Spagatkrapfen darin wälzen und in einer Gebäckdose aufbewahren. Nach einer Woche sind sie besonders mürbe und zart.

GLÜHWEINDREISPITZE

Für ein Backblech

Glühwein:
¼ l Rotwein
abgeriebene Schale einer halben unbehandelten Zitrone und Orange
Saft je einer halben Zitrone und Orange
40 g Zucker
3 Gewürznelken
½ Zimtstange

Teig:
250 g Butter
2 EL Vanillezucker
250 g Zucker
4 Eier
150 g fein geriebene Kuvertüre
250 g Mehl
1 Päckchen Backpulver
⅛ l Glühwein

Glasur:
4 – 5 EL Glühwein
200 g Puderzucker

Zum Bestreuen:
120 g gehackte, geröstete Mandeln

1. Die Zutaten für den Glühwein in einen Topf geben.
2. Erhitzen, aber nicht kochen, und ca. 10 Minuten ziehen lassen.
3. Durch Kaffeefilterpapier gießen und die Mengen für den Teig und für die Glasur abmessen.
4. Butter, Vanillezucker und Zucker mit den Schneebesen eines elektrischen Handrührgerätes schaumig rühren. Ein Ei nach dem anderen zugeben und weiter schaumig schlagen.
5. Nach und nach die Kuvertüre, das Mehl, das Backpulver und den Glühwein unterrühren.
6. Den Teig so lange weiterrühren, bis die Masse luftig ist.
7. Das Backblech mit Backpapier auslegen und den Teig bis zu dreiviertel Randhöhe daraufgeben.
8. Im vorgeheizten Backofen bei 200 Grad ca. 25 – 30 Minuten backen.
9. Der Kuchen ist fertig, wenn sich eine zarte Kruste gebildet hat und die Oberfläche bei vorsichtiger Berührung leicht federt.
10. Auf dem Backblech auskühlen lassen.
11. Für die Glasur den Glühwein und den gesiebten Puderzucker miteinander verrühren.
12. Auf die Oberfläche des Kuchens streichen und die Mandeln darüberstreuen.
13. Die Glasur trocknen lassen, danach den Kuchen zuerst in Streifen, dann in Dreiecke schneiden.
14. Mit Klarsichtfolie abgedeckt oder in einer Gebäckdose aufbewahren.

PUNSCHKRAPFERL

Für ca. 30 Stück

Teig:
3 Eier
abgeriebene Schale einer halben unbehandelten Zitrone
90 g Zucker
1 TL Vanillezucker
70 g Mehl
30 g flüssige Butter
etwas Zucker zum Bestreuen

Füllung:
150 g Butter
1 EL Puderzucker
2 Eier
70 g Zucker
2 EL Rotwein
4 EL Rum
abgeriebene Schale einer unbehandelten Orange

Glasur:
500 g Fondant
2 EL Rotwein

Zum Verzieren:
Verschiedene kandierte Früchte oder Nußkerne

1. Eier, Zitronenschale, Zucker und Vanillezucker im heißen Wasserbad mit den Schneebesen eines elektrischen Handrührgerätes schaumig aufschlagen, bis die Masse warm ist.
2. Herausnehmen und in einem kalten Wasserbad unter Rühren abkühlen lassen.
3. Das Mehl darübersieben und zusammen mit der lauwarmen Butter vorsichtig unter die Eischaummasse heben.
4. Ein Backblech mit Backpapier auslegen und den Teig gleichmäßig darauf verteilen.
5. Im vorgeheizten Backofen bei 200 Grad ca. 15 Minuten backen.
6. Den gebackenen Biskuit auf ein dünn mit Zucker bestreutes Geschirrtuch stürzen und das Backpapier vorsichtig abziehen.
7. Das Gebäck auskühlen lassen, zwei 14x22 cm große Rechtecke daraus ausschneiden und beiseite stellen.
8. Die Biskuitreste zerbröseln, ebenfalls beiseite stellen.
9. Für die Füllung die Butter mit dem gesiebten Puderzucker schaumig schlagen.
10. Die Eier und den Zukker im warmen Wasserbad schaumig schlagen, herausnehmen und unter ständigem Schlagen abkühlen lassen. Butter- und Eiermasse müssen die gleiche Temperatur haben.
11. Beide Massen miteinander vermischen; Rotwein, Rum, Orangenschale und Biskuitbrösel unterrühren.
12. Die Füllung auf eines der Biskuitrechtecke streichen und das zweite Rechteck obenauf legen.
13. Ein mit Aluminiumfolie bespanntes Brettchen darauflegen, mit ein oder zwei Paketen Mehl beschweren und alles ca. 3 Stunden kühl stellen.
14. Mit einer Ausstechform Kreise von 3 cm Durchmesser aus dem Gebäck ausstechen; auf ein Kuchengitter legen.
15. Erneut kühl stellen.
16. Den Fondant zusammen mit dem Rotwein im Wasserbad auf 35 Grad erwärmen und dabei zu einer gleichmäßigen Glasurmasse verrühren.
17. Die Punschkrapferl damit überziehen und, kurz bevor die Glasur trocken ist, mit kandierten Fruchtstücken oder Nüssen verzieren. Kühl aufbewahren.

Tip: Die Gebäckreste, die beim Ausstechen der Punschkrapferl anfallen, können für ein Dessert, z. B. mit Fruchtsaft getränkt und mit Vanillecreme geschichtet, verwendet werden.

APRIKOSENPLÄTZCHEN

Für ca. 45 Stück, auf einem Florentiner-Blech mit Vertiefungen (4 cm Durchmesser) gebacken

120 g fein gemahlene Mandeln
140 g Puderzucker
50 g Mehl
6 EL Vollmilch
60 g zerlassene Butter
4 Eiweiß
1 EL Vanillezucker
eine Prise Salz
etwas Butter und Mehl für das Blech
100 g Aprikosenkonfitüre
1 EL Rum
Puderzucker zum Bestäuben

1. Mandeln, Puderzucker und Mehl mischen.
2. Erst die Milch, dann die lauwarme Butter untermischen.
3. Das Eiweiß mit den Schneebesen eines elektrischen Handrührgerätes steif schlagen, dabei den Vanillezucker und eine Prise Salz einstreuen.
4. Den Eischnee vorsichtig unter die Mandelmasse heben.
5. Die Vertiefungen des Florentiner-Bleches ausbuttern und mit Mehl ausstreuen.
6. Das überschüssige Mehl durch Stürzen des Bleches entfernen.
7. Den Teig in die Vertiefungen des Bleches geben.
8. Im vorgeheizten Backofen bei 200 Grad 12 – 15 Minuten backen.
9. Die zart gebräunten Plätzchen zum Abkühlen auf ein Kuchengitter stürzen.
10. Die Aprikosenkonfitüre und den Rum miteinander glattrühren.
11. Die Hälfte der Plätzchen auf der flachen Rückseite mit der Konfitüre bestreichen.
12. Die übrigen Plätzchen mit der Rückseite daraufsetzen.
13. Zum Schluß dick mit Puderzucker bestäuben.
14. Die Plätzchen in eine Gebäckdose legen. Die einzelnen Schichten mit Pergamentpapier voneinander trennen.

ENGELSAUGEN

Für ca. 25 Stück

Teig:
120 g Mehl
75 g Butter
1 Eigelb
35 g Puderzucker
1 TL Vanillezucker
abgeriebene Schale einer halben unbehandelten Zitrone
eine Prise Salz

Füllung:
2 EL Himbeerkonfitüre

Glasur:
50 g Kuvertüre
Puderzucker zum Bestäuben

1. Mehl, Butter, Eigelb, Puder- und Vanillezucker, Zitronenschale und eine Prise Salz zu einem glatten Teig verkneten.
2. Für 1 Stunde in den Kühlschrank stellen.
3. Ein Backblech mit Backpapier auslegen.
4. Aus dem Teig kleine Kugeln formen und auf das Backblech setzen.
5. Mit einem Kochlöffelstiel eine Vertiefung in die Mitte der Teigkugeln drücken. Den Kochlöffelstiel zwischendurch in Mehl tauchen, damit kein Teig daran kleben bleibt.
6. Die Himbeerkonfitüre glattrühren, in einen Spritzbeutel mit kleiner Lochtülle geben und in die Vertiefungen der Teigkugeln spritzen.
7. Im vorgeheizten Backofen bei 200 Grad ca. 15 Minuten backen. Die Engelsaugen sollen nur leicht bräunen.
8. Auskühlen lassen.
9. Für die Glasur die Kuvertüre schmelzen und temperieren. Die Unterseite der Engelsaugen hineintauchen.
10. Auf Pergamentpapier setzen, mit Puderzucker bestäuben und in eine Gebäckdose schichten.

MANDELRINGE

(Foto auf der Titelseite)

Für zusammengesetzte Ringe den Teig ausrollen und Kreise und Ringe in gleicher Größe ausstechen. Nach dem Backen mit Himbeerkonfitüre zusammensetzen. Mit Glasur bestreichen und mit Mandeln bestreuen.

WEIHNACHTSWOLKE

Für ein 20 x 30 cm großes Backblech

Teig:

4 Eier
100 g Marzipanrohmasse
1 EL Vollmilch
100 g Zucker
Mark einer Vanillestange
70 g Mehl
30 g Mandelblättchen
50 g gehackte, getrocknete Aprikosen
50 g gehackte Kuvertüre
eine Prise Salz

Belag:

6 entkernte, abgezogene, getrocknete Datteln
4 Eiweiß
200 g Puderzucker
1 EL Kartoffelmehl

1. Eigelb und Eiweiß trennen, Eiweiß beiseite stellen. Das Marzipan zerbröckeln und mit der Milch glattrühren.
2. Eigelb und 70 g Zucker mit den Schneebesen eines elektrischen Handrührgerätes schaumig schlagen, bis der Zucker völlig aufgelöst ist.
3. Vanillemark, Salz und die Marzipanmasse zufügen und alles weiter schaumig schlagen.
4. Mehl, Mandeln, Aprikosen und Kuvertüre untermischen.
5. Das beiseite gestellte Eiweiß mit den gesäuberten Schneebesen steif schlagen, den übrigen Zucker dabei einrieseln lassen.
6. Den Eischnee vorsichtig unter den Teig heben.
7. Das Backblech mit Backpapier auslegen und den Teig darauf verstreichen.
8. Die Datteln in Scheiben schneiden und den Teig damit belegen.
9. Im vorgeheizten Backofen bei 200 Grad ca. 20 – 25 Minuten backen.
10. Das Eiweiß für den Belag steif schlagen und den gesiebten Puderzucker dabei einrieseln lassen.
11. Zum Schluß das gesiebte Kartoffelmehl unter ständigem Schlagen dazugeben.
12. Das Backblech aus dem Ofen nehmen und das Gebäck auf dem Blech auskühlen lassen.
13. Den Backofen auf 250 Grad aufheizen.
14. Den Eischnee in einen Spritzbeutel mit Lochtülle geben und gleichmäßige Streifen auf den Kuchen spritzen.
15. Mit Hilfe eines Eßlöffels den Eischnee wolkenähnlich auflockern.
16. Erneut in den Backofen schieben und 5 – 8 Minuten goldbraun überbacken.
17. Die Weihnachtswolke auskühlen lassen, in Portionen aufschneiden und mit Folie abgedeckt aufbewahren.

BUNTE KNUSPER-SCHNITTEN

Für ca. 60 Stück

Teig:

190 g Mehl
85 g Zucker
1 EL Vanillezucker
1 TL Backpulver
1 Ei
abgeriebene Schale einer unbehandelten Zitrone
85 g Butter
etwas Mehl zum Ausrollen
1 Eigelb zum Bestreichen

Belag:

4 EL Aprikosengeist
½ EL Zimt
½ EL Vanillezucker
1 EL süße Sahne
40 g grob gehackte, getrocknete Aprikosen
100 g Butter
200 g Zucker
4 EL Honig
¼ l süße Sahne
200 g Mandelblättchen
200 g Haselnußblättchen
20 g gehackte, rote Belegkirschen
20 g gehackte, grüne Angelika oder Belegkirschen
20 g gehacktes Orangeat
20 g gehacktes Zitronat

1. Für den Belag Aprikosengeist mit Zimt, Vanillezucker und Sahne glattrühren.
2. Die getrockneten Aprikosen damit vermischen und durchziehen lassen.
3. Alle Zutaten für den Teig in eine Schüssel geben, die Butter dabei in Flöckchen zerteilen.
4. Mit den Knethaken eines elektrischen Handrührgerätes zu einem glatten Teig verkneten.
5. Den Teig kühl stellen.
6. Butter, Zucker und Honig für den Belag in einen Topf geben, erhitzen und unter Rühren leicht bräunen lassen.
7. Die Sahne dazugießen und so lange rühren, bis sich der Zucker völlig aufgelöst hat.
8. Die übrigen Zutaten für den Belag, einschließlich der eingelegten Aprikosen, dazugeben.
9. Bei geringer Hitze unter ständigem Rühren weiterkochen lassen, bis die Masse gebunden ist.
10. Den gekühlten Teig auf einer mit Mehl bestäubten Arbeitsfläche in kleinen Portionen dünn ausrollen.
11. Die Teigflächen jeweils in 7 cm breite Streifen schneiden.
12. Ein Backblech mit Backpapier auslegen und die Teigstreifen vorsichtig darauflegen.
13. Das Eigelb verquirlen und die Teigränder längs damit bestreichen.
14. Aus den Teigresten dünne Röllchen formen und als Begrenzung auf die Längsseiten der Teigränder legen.
15. Nun den Belag auf die Teigstreifen geben und innerhalb der Begrenzungen verstreichen.
16. Im vorgeheizten Backofen bei 200 Grad in ca. 20 Minuten goldbraun backen.
17. Etwas abkühlen lassen.
18. Das Gebäck in 2 cm breite Stücke schneiden und nach dem Abkühlen in eine Gebäckdose schichten. Die einzelnen Schichten durch Pergamentpapier voneinander trennen.

KOKOSSCHNITTEN

Für ein Backblech
(20 x 30 cm) mit Rand

Teig:
3 Eier
80 g Zucker
1 EL Vanillezucker
50 g Kokosraspeln
30 g Mehl
80 g Bitterkuvertüre
3 EL Kokosnußlikör
40 g lauwarme Butter

Glasur:
70 g Puderzucker
70 g Zucker
70 g Kakaopulver
120 g Kokosfett
3 EL Rum
1 EL Kokosnußlikör
3 EL süße Sahne

Zum Wälzen:
200 g Kokosraspeln

1. Eier, Zucker und Vanillezucker mit den Schneebesen eines elektrischen Handrührgerätes im heißen Wasserbad schaumig schlagen, bis die Masse dicklich wird.
2. Im kalten Wasserbad kaltschlagen.
3. Die Kokosraspeln mit dem Mehl mischen.
4. Die Kuvertüre mit einem Messer zerkleinern und im warmen Wasserbad schmelzen lassen.
5. Die flüssige Kuvertüre zusammen mit der Kokos-Mehl-Mischung vorsichtig unter die Eiermasse heben.
6. Den Kokosnußlikör und die lauwarme Butter unterrühren.
7. Das Backblech mit Backpapier auslegen und die Teigmasse darauf verteilen.
8. Im vorgeheizten Backofen bei 200 Grad ca. 15 Minuten backen.
9. Das Gebäck auskühlen lassen, stürzen und das Backpapier abziehen.
10. Aus dem Gebäck 3,5 x 2 cm große Stücke schneiden.
11. Alle Zutaten für die Glasur in einen Topf geben und im heißen Wasserbad unter vorsichtigem Rühren auflösen, so daß eine gleichmäßige Masse entsteht.
12. Die Kokosschnitten mit Hilfe einer Gabel in die Glasur tauchen, gut abtropfen lassen und in den Kokosraspeln wälzen. Kühl stellen.

GEFÜLLTE KOKOSMAKRÖNCHEN

Für ca. 80 Stück

Mürbeteig:
100 g Mehl
40 g Puderzucker
60 g Butter
2 Eigelb
1 EL Kakaopulver
2 TL Vanillezucker
abgeriebene Schale einer unbehandelten Orange
eine Prise Salz
etwas Mehl zum Ausrollen

Makronenteig:
100 g Eiweiß
260 g Zucker
1 EL Honig
170 g Kokosraspeln
50 g Mehl

Füllung:
100 g Kuvertüre
100 g Nougat

Glasur:
150 g Kuvertüre

1. Alle Zutaten für den Mürbeteig mit den Knethaken eines elektrischen Handrührgerätes in einer Rührschüssel zu einem glatten Teig verkneten.
2. Zu einer Kugel formen und in Frischhaltefolie eingewickelt für 1 Stunde in den Kühlschrank stellen.
3. Für den Makronenteig das Eiweiß steif schlagen, den Zucker dabei einrieseln lassen und den Honig zugeben. Im heißen Wasserbad schaumig schlagen, bis die Masse warm und etwas zäh ist.
4. Aus dem Wasserbad nehmen und ca. 10 Minuten weiterschlagen, bis die Masse wieder abgekühlt ist.
5. Kokosraspeln und Mehl mischen; unter die Eischaummasse heben.
6. In einen Spritzbeutel mit Lochtülle geben.
7. Ein Backblech mit Backpapier auslegen und gut kirschgroße Häufchen der Makronenmasse aufspritzen.
8. Im vorgeheizten Backofen bei ca. 190 Grad 12 – 13 Minuten backen.
9. Auskühlen lassen.
10. Den Mürbeteig auf einer mit Mehl bestäubten Arbeitsfläche ca. 2 – 3 mm dünn ausrollen.
11. Dann Kreise von 3 cm Durchmesser ausstechen und auf ein mit Backpapier ausgelegtes Backblech legen.
12. Im vorgeheizten Backofen bei 200 Grad ca. 12 Minuten backen.
13. Auskühlen lassen.
14. Für die Füllung die Kuvertüre schmelzen, den zerkleinerten Nougat zufügen und beides miteinander cremig aufschlagen.
15. In eine kleine Spritztüte geben; auf die Mürbeteigplätzchen spritzen.
16. Die Kokosmakrönchen daraufsetzen und für ca. 15 Minuten kühl stellen.
17. Für die Glasur die Kuvertüre schmelzen, temperieren, und das Unterteil der Gebäckstücke bis zur Unterseite der Makrönchen hineintauchen; auf Pergamentpapier setzen.
18. Sobald die Kuvertüre trocken ist, die gefüllten Kokosmakrönchen in eine Gebäckdose schichten. Jede Schicht mit Pergamentpapier abdecken. Kühl aufbewahren.

ELISENLEBKUCHEN

Für ca. 150 Stück von 5 cm Durchmesser

Teig:
470 g Zucker
6 Eier à 55 g
1 TL Vanillezucker
480 g Haselnüsse (eine Hälfte grob und eine Hälfte fein gemahlen)
50 g grob gehackte Walnüsse
100 g fein geschnittenes Orangeat
100 g fein geschnittenes Zitronat
abgeriebene Schale je einer unbehandelten Zitrone und Orange
1 EL fein gehackte Ingwerknolle, in Sirup eingelegt
je ½ TL gemahlene Gewürze: Zimt, Gewürznelke, Piment, Koriander, Muskatblüte (Macis), Kardamom, Muskatnuß
2 Päckchen Backoblaten (50 mm Durchmesser)

Punschglasur:
130 g Puderzucker
ca. 2 EL Rum
ca. 2 EL Rotwein

Schokoladenglasur:
200 g Bitter- oder Vollmilchkuvertüre

Zum Verzieren:
verschiedene Nüsse und kandierte Früchte

1. Zucker, Eier und Vanillezucker mit den Schneebesen eines elektrischen Handrührgerätes so lange schaumig rühren, bis sich die Masse verdoppelt hat und der Zucker aufgelöst ist.
2. Nüsse, Orangeat, Zitronat, Zitronen- und Orangenschale, Ingwer und Gewürze untermischen.
3. Abgedeckt an einem kühlen Ort 24 Stunden ruhen lassen.
4. Am nächsten Tag kleine, etwa 15–17 g schwere Kugeln aus der Lebkuchenmasse formen und so auf die Oblaten setzen, daß ein 3–5 mm breiter Rand frei bleibt.
5. Die Oblaten auf ein mit Backpapier ausgelegtes Backblech setzen.
6. Im vorgeheizten Backofen bei 200 Grad 12–15 Minuten lang hellbraun backen. Die gut aufgegangenen Lebkuchen dürfen innen nicht ganz gar sein, weil sie noch nachziehen und weich bleiben sollen.
7. Die fertigen Lebkuchen auf einem Kuchengitter auskühlen lassen.
8. Ein Drittel der Lebkuchen beiseite stellen; sie bleiben "natur", also ohne Glasur.
9. Für die Punschglasur den gesiebten Puderzucker mit Rum und Rotwein glattrühren
10. Ein weiteres Drittel der Lebkuchen einzeln mit der oberen Seite (nicht mit der Oblatenseite) in die Punschglasur tauchen.
11. Für die Schokoladenglasur die Kuvertüre schmelzen, temperieren und das übrige Drittel der Lebkuchen mit der oberen Seite hineintauchen.
12. Die glasierten Lebkuchen nebeneinander auf einem Kuchengitter trocknen lassen. Solange die Glasuren noch weich sind, können sie mit Nüssen und kandierten Früchten verziert werden.
13. Die fertigen Lebkuchen in einer Blechdose aufbewahren. Das Gebäck mit einem Stück Pergamentpapier abdekken und einige Apfelschalen darüberlegen. Dadurch bleiben die Elisenlebkuchen weich und saftig. Nach etwa 10 Tagen haben Lebkuchen die optimale Beschaffenheit.

APFELLEBKUCHEN-GLÖCKCHEN

Für ca. 25 Stück

Teig:
300 g Honig
50 g Zucker
1 TL Hirschhornsalz
200 g Weizenmehl
120 g Roggenmehl
1 TL Pottasche
1 Eigelb
2 TL Zimt
1 TL gemahlener Kardamom
1 TL gemahlener Piment
3 EL Apfelbrand
20 g gehackte getrocknete Äpfel
etwas Mehl zum Ausrollen
ca. ⅛ l Vollmilch zum Bestreichen

Füllung:
1 EL fein gehackte, getrocknete Äpfel
2 EL Apfelbrand
80 g Marzipanrohmasse
1½ EL Apfelgelee

Glasur:
400 g Bitterkuvertüre

Zum Bestreuen:
50 g grob gehackte Pistazienkerne

1. Für die Füllung die getrockneten Äpfel in dem Apfelbrand einweichen.
2. Honig und Zucker für den Lebkuchenteig in einem Topf bei milder Hitze unter Rühren auflösen, nicht kochen!
3. Bei Zimmertemperatur 2 Stunden stehen lassen.
4. Das Hirschhornsalz in wenig Wasser auflösen und zusammen mit dem Weizenmehl unter die Zucker-Honig-Mischung kneten.
5. Das Roggenmehl, die ebenfalls in etwas Wasser aufgelöste Pottasche sowie die übrigen Zutaten für den Teig unterkneten.
6. Den Lebkuchenteig für 1 Stunde kalt stellen.
7. Für die Füllung die zerbröckelte Marzipanrohmasse mit dem Apfelgelee und den eingeweichten Trockenäpfeln zu einer glatten Masse verrühren.
8. Den Lebkuchenteig in kleinen Portionen auf einer mit Mehl bestäubten Arbeitsfläche 3–4 mm dick ausrollen.
9. Mit einer Ausstechform 6,5 x 3,5 cm große Glokken ausstechen. Die Menge sollte etwa 50 Stück ergeben.
10. Die Füllung in einen Spritzbeutel mit Lochtülle geben und kleine Häufchen auf die Hälfte der Teigglocken spritzen; den Rand frei lassen.
11. Die andere Hälfte der Teigglocken vorsichtig darauflegen und am Rand festdrücken.
12. Die Glocken leicht mit Milch bestreichen.
13. Ein Backblech mit Backpapier auslegen und die Glocken vorsichtig darauflegen.
14. Im vorgeheizten Backofen bei 180 Grad ca. 10 Minuten backen.
15. Auskühlen lassen.
16. Für die Glasur die Kuvertüre schmelzen und temperieren.
17. Die Lebkuchenglokken mit der Kuvertüre überziehen und mit den Pistazien verzieren.
18. Sobald die Kuvertüre getrocknet ist, die Lebkuchenglocken in eine Gebäckdose schichten. Jede Schicht mit Pergamentpapier abdecken. Gut verschlossen aufbewahren. Je länger die Lebkuchen lagern, um so würziger werden sie.

DOMINO-STEINE

Für ca. 50 Stück
(Foto oben)

75 g Marzipanrohmasse
75 g Puderzucker
4–5 EL Birnengeist
125 g süße Sahne
25 g Butter
200 g Bitterkuvertüre
350 g kandierte Früchte (Birnen, Ananas oder Orangen)

Glasur:
250–300 g Bitterkuvertüre

Zum Verzieren:
50 g weiße Schokolade

1. Die zerbröckelte Marzipanrohmasse mit dem gesiebten Puderzucker und 1–2 EL Birnengeist verkneten; abgedeckt kühl stellen.
2. Die Sahne zusammen mit der Butter aufkochen und beiseite stellen.
3. Die Kuvertüre zerkleinern und unter ständigem Rühren mit einem Schneebesen in der heißen Sahne auflösen.
4. Abkühlen lassen und mit 3 EL Birnengeist abschmecken.
5. Die kandierten Früchte in ca. 3 mm dünne Scheiben schneiden.
6. Den Marzipanteig zwischen zwei Blatt Klarsichtfolie legen und zu einem 20 x 17 cm großen Rechteck ausrollen.
7. Die Folie vorsichtig abziehen und das ausgerollte Marzipan auf eine Platte legen.
8. Mit den kandierten Früchten belegen.
9. Die cremige Schokoladenmasse mit Hilfe einer Palette gleichmäßig darüber verteilen.
10. Für 1–2 Stunden in den Kühlschrank stellen.
11. Ein großes Messer in heißes Wasser tauchen, damit beim Schneiden der Dominosteine glatte Kanten entstehen.
12. Die gekühlte Dominomasse in 2 x 3,5 cm große Stücke schneiden, erneut kühl stellen.
13. Die Kuvertüre für die Glasur schmelzen und temperieren.
14. Ein Backblech mit Backpapier auslegen.
15. Die Dominosteine mit Hilfe einer Pralinengabel in die Kuvertüre tauchen, abtropfen lassen und auf das Backblech setzen.
16. Zum Verzieren die weiße Schokolade zerkleinern und schmelzen.
17. Mit 1–2 Tropfen Wasser glattrühren, und die Schokolade in ein kleines Pergamentpapiertütchen geben.
18. Eine winzige Spitze abschneiden; Dominomuster auf die trockene Glasur spritzen.

ORANGENKONFEKT

Für 50 Stanniolkapseln
(Foto unten links)

ca. 150 g Kuvertüre
100 g heller Mandelnougat
100 g Bitterkuvertüre
100 g Butter
abgeriebene Schale einer unbehandelten Orange
1–2 EL Orangensaft

Zum Verzieren:
kandierte Fruchtstücke

1. Die Stanniolkapseln dicht nebeneinanderstellen und mit geschmolzener, temperierter Kuvertüre füllen.
2. Die Kapseln wieder leeren, so daß nur ein dünner Kuvertürefilm darin zurückbleibt. Am besten legt man die gefüllten Stanniolkapseln kopfüber auf einen Gitterrost, unter dem eine flache Schale steht, welche die abtropfende Kuvertüre auffängt.
3. Mandelnougat und Kuvertüre kleinschneiden und vorsichtig im Wasserbad schmelzen. Etwas abkühlen lassen.
4. Die Butter in einer Schüssel mit den Schneebesen eines elektrischen Handrührgerätes schaumig schlagen.
5. Unter ständigem Rühren die Nougat-Kuvertüre zur Butter geben.
6. Alles mit Orangenschale und -saft aromatisieren, schaumig aufschlagen.
7. In einen Spritzbeutel mit Sterntülle füllen und in die vorbereiteten Stanniolkapseln spritzen.
8. Nach Belieben verzieren und bis zum Verzehr kühl stellen.

RUMSTANGEN

Für ca. 45 Stück
(Foto unten rechts)

40 g Kakaopulver
130 g Puderzucker
1 Eigelb
1 EL Rum
2 Fläschchen Rum-Aroma
1 EL Butter
50 g Marzipanrohmasse
1 TL Rum

Glasur:
150 g Vollmilchkuvertüre

Zum Verzieren:
30 g Bitterkuvertüre

1. Kakaopulver und 80 g Puderzucker in eine Schüssel sieben.
2. Eine Vertiefung in die Mitte drücken.
3. Eigelb, 1 EL Rum und das Rum-Aroma in die Vertiefung geben und die Butter in Flöckchen auf den Rand setzen.
4. Mit den Knethaken eines elektrischen Handrührgerätes zu einer glatten Masse verkneten.
5. Das Marzipan mit dem übrigen gesiebten Puderzucker und 1 TL Rum verkneten.
6. Den Marzipanteig zwischen zwei Blatt Klarsichtfolie legen; 2 mm dünn zu einem Quadrat ausrollen.
7. Die Folie abziehen und 1 cm breite Marzipanbahnen schneiden.
8. Die Kakaomasse zu Röllchen von 1/2 cm Durchmesser formen.
9. Die Marzipanbahnen mit Wasser bestreichen, die Kakaoröllchen längs darauflegen und leicht andrücken.
10. Die Bahnen in 3 cm lange Stücke schneiden und etwas antrocknen lassen, damit die Kakaoröllchen auf dem Marzipan klebenbleiben.
11. Für die Glasur die Vollmilchkuvertüre schmelzen, temperieren und die kleinen Rumstangen mit Hilfe einer Pralinengabel hineintauchen.
12. Abtropfen lassen und zum Trocknen auf ein mit Backpapier ausgelegtes Tablett legen.
13. Zum Verzieren die Bitterkuvertüre schmelzen, temperieren und in ein kleines Pergamentpapiertütchen geben.
14. Eine winzige Spitze von dem Tütchen abschneiden und die Rumstangen mit feinen Linien überziehen.

PRALINEN-TÜRMCHEN

Für ca. 45 Stück
(Foto oben)

135 hauchdünne Bitter-Schokoladentäfelchen (5 Päckchen)

Pralinenschaum:
1 Blatt weiße Gelatine
0,3 l süße Sahne
1 Eiweiß
90 g Bitterkuvertüre
100 g dunkler Nougat
1 Ei
abgeriebene Schale einer halben unbehandelten Orange
1 EL Rum
1 EL Orangenlikör

Zum Verzieren:
50 g Marzipanrohmasse
50 g Puderzucker
etwas Rote-Bete-Saft
50 g weiße Schokolade

1. Für den Pralinenschaum die Gelatine in kaltem Wasser einweichen.
2. Die Sahne cremig schlagen und das Eiweiß mit den gesäuberten Schneebesen steif schlagen.
3. Die Kuvertüre und den Nougat zerkleinern, im Wasserbad schmelzen und auf etwa 40 Grad temperieren.
4. Ei, Orangenschale, Rum und Orangenlikör im heißen Wasserbad schaumig aufschlagen und die ausgedrückte Gelatine in dem heißen Eischaum auflösen.
5. Herausnehmen und die Nougat-Kuvertüre unter ständigem Rühren dazugeben.
6. Die Sahne und den Eischnee vorsichtig unterheben und den Pralinenschaum für 3 Stunden kühl stellen.
7. Den Pralinenschaum in einen Spritzbeutel mit kleiner Lochtülle geben und kleine Spiralen auf ein Drittel der Schokoladentäfelchen spritzen.
8. Auf ein Tablett legen.
9. Mit je einem Schokoladenblättchen belegen und darauf erneut Pralinenschaum spritzen.
10. Das letzte Drittel der Schokoladenblättchen obenauf setzen und etwas andrücken, damit die Zwischenräume kleiner werden.
11. Zum Verzieren die Marzipanrohmasse mit dem gesiebten Puderzucker verkneten und mit etwas Rote-Bete-Saft rot einfärben. Die Masse zwischen zwei Blatt Klarsichtfolie legen und dünn ausrollen.
12. Die Folie vorsichtig abziehen und kleine Weihnachtsmotive aus der roten Marzipanmasse ausstechen.
13. Die weiße Schokolade im heißen Wasserbad schmelzen, mit 2–3 Tropfen Wasser verrühren und in ein kleines Pergamentpapiertütchen füllen.
14. Eine winzige Spitze davon abschneiden und feine weiße Linien auf die oberen Schokoladentäfelchen spritzen.
15. Die Weihnachtsmotive aus Marzipan darauflegen. Gut gekühlt servieren.

WEINBRAND-KUGELN

Für ca. 50 Stück
(Foto unten)

160 g Kuvertüre
120 g Puderzucker
120 g gemahlene, geröstete Haselnüsse
1 Eiweiß
5 EL Weinbrand
abgeriebene Schale einer unbehandelten Orange

Füllung:
80 g Butter
Mark einer Vanillestange
4 hartgekochte Eigelb, durch ein Sieb gestrichen

Glasur:
200 g Kuvertüre

Zum Wälzen:
4 EL Kakaopulver

1. Die Kuvertüre zerkleinern und im heißen Wasserbad schmelzen lassen.
2. Gesiebten Puderzucker, Haselnüsse, aufgelöste Kuvertüre, Eiweiß, Weinbrand und Orangenschale miteinander zu einer glatten Masse verrühren.
3. Etwa 1/2 Stunde in den Kühlschrank stellen.
4. Die Butter für die Füllung mit den Schneebesen eines elektrischen Handrührgerätes so lange schaumig schlagen, bis sie fast weiß ist.
5. Das Vanillemark und das durch ein Sieb gestrichene Eigelb unterrühren.
6. Aus der kalt gestellten Masse kirsch- bis walnußgroße Kugeln formen und mit dem kleinen Finger eine Vertiefung in die Mitte drücken.
7. Die Füllung in einen Spritzbeutel mit kleiner Lochtülle geben und in die Vertiefungen der Kugeln spritzen.
8. Die Weinbrandkugeln wieder verschließen.
9. Für die Glasur die Kuvertüre schmelzen, temperieren, und die Weinbrandkugeln mit Hilfe einer Pralinengabel hineintauchen.
10. Gut abtropfen lassen und danach in dem Kakaopulver wälzen.
11. Zum Aufbewahren möglichst in Papierpralinenförmchen setzen, abdecken und kühl lagern.

WEIHNACHTSKÜCHLEIN

Foto v. l. n. r.:

HONIGPLÄTZCHEN

PISTAZIENMARZIPAN

GRAND MARNIER-MARZIPAN

WILLIAMS CHRIST-MARZIPAN

MANDELNOUGAT MIT GEHACKTEN MANDELN

ZIMTSTERNE

NUSSNOUGAT MIT GEHACKTEN NÜSSEN

SAHNENOUGAT

Plätzchenteig:
für ca. 50 Stück

90 g Haselnüsse mit Haut, fein gemahlen
40 g Zucker
1 Eiweiß (20 g)
20 g fein geriebenes Orangeat
20 g Honig
1-2 EL gemahlene Haselnüsse zum Ausrollen

1. Pistazienmarzipan:

50 g Marzipanrohmasse
15 g fein gemahlene Pistazien
2 TL Mandellikör (10 ml)

Garnierung:

Mandelstücke

2. Grand Marnier-Marzipan:

50 g Marzipanrohmasse
2 TL Grand Marnier (10 ml)

Garnierung:

bunter Streuzucker

3. Williams Christ-Marzipan:

50 g Marzipanrohmasse
2 TL Williams Christ
15 g gehackte Walnüsse

Garnierung:

halbe Mandeln

4. Mandelnougat mit gehackten Mandeln:

50 g Mandelnougat
15 g gehackte Mandeln

Garnierung:

gemahlene Mandeln

5. Nußnougat mit gehackten Nüssen:

50 g Nußnougat
15 g gehackte Nüsse ohne Haut

Garnierung:

gehackte Nüsse

6. Sahnenougat:

60 g Sahnenougat

Garnierung:

temperierte Vollmilch-kuvertüre

Zum Überziehen:

200 g Halbbitterkuvertüre
200 g Vollmilchkuvertüre

1. Alle Zutaten für die Plätzchen zu einem Teig verarbeiten und auf einer mit gemahlenen Nüssen bestreuten Arbeitsfläche ca. 5 mm dick ausrollen. Die Plätzchen rund, oval und eckig (ca. 3 cm groß) ausstechen und auf ein mit Backpapier ausgelegtes Blech geben. Im vorgeheizten Ofen bei 200 Grad 5-8 Minuten backen.
2. Die Füllungen (1-6) bereiten. Sie reichen jeweils für sieben Plätzchen.
3. Für die Marzipanfüllungen die jeweiligen Zutaten vermengen und mit einem Messer auf die Plätzchen streichen.
4. Für die Nougatfüllungen das Nougat auflösen, abkühlen lassen und kurz vor dem Erstarren die jeweils weiteren Zutaten unterrühren. Die Masse auf die Plätzchen streichen.
5. Für den Überzug je eine Kuvertüresorte temperieren und die jeweiligen Weihnachtsküchlein mit einer Pralinengabel in die Kuvertüre tauchen. Auf einem Überziehgitter abtropfen lassen. Außer bei dem Sahnenougat, die Garnierung vor dem Erstarren der Kuvertüre vornehmen.

ZIMT-STERNE

Für ca. 45 Stück

Teig:

250 g Mandeln, sehr fein gemahlen
2,5 TL Zimt (5 g)
250 g Zucker
3 Eiweiß (90 g)

Glasur:

1 Eiweiß (25 g)
125 g Puderzucker

Fürs zweite Ausrollen:

50 g Mandeln, sehr fein gemahlen

1. Mandeln mit Zimt mischen. Eiweiß und Zucker leicht erwärmen (40 Grad) und rühren, bis sich der Zucker gelöst hat.
2. Alle Zutaten zu einem Teig verkneten und für 2-3 Stunden kalt stellen, damit der Teig genügend Festigkeit erhält.
3. Den Teig zwischen zwei Folien ca. 8 mm stark ausrollen und in ein Gefriergerät stellen.
4. Für die Glasur Eiweiß und Puderzucker zu einem dickflüssigen Brei verrühren und mit einer Winkelpalette sehr dünn auf dem angefrorenen Teig verstreichen (einen Teil für das Glasieren der zweiten Menge aufbewahren). Den glasierten Teig nochmals kurz anfrieren, das erleichtert das Ausstechen.
5. Mit einem Förmchen Sterne ausstechen. Dabei so wenig Zwischenräume wie möglich lassen und die Ausstechform zwischendurch immer wieder in heißes Wasser tauchen.
6. Die Sterne auf ein mit Backpapier ausgelegtes Blech legen und im vorgeheizten Backofen bei 200 Grad ca. 8 Minuten backen.
7. Währenddessen die Teigreste verkneten. Dabei gemahlene Mandeln zufügen, um die Feuchtigkeit der Glasur auszugleichen. Mit dem neuen Teig genauso verfahren wie mit dem ersten.

TIPS & TRICKS

HERSTELLEN EINES MARZIPAN-NIKOLAUSES

1. Mit Puderzucker angewirktes Marzipan 5 mm dick auf 7,5 x 15 cm ausrollen. Den Nikolaus mit Hilfe einer Schablone ausschneiden. Mütze und Bart markieren. Wanderstab (9 cm lang) modellieren.

2. Das Gesicht mit einem Marzipankneifer herausarbeiten. Figur und Wanderstab einzeln sehr dünn mit Eigelb bepinseln. Unter den Grillstäben des Ofens leicht bräunen. Gesicht und Mantel bleiben hell, da sie tiefer liegen.

3. Wanderstab auflegen und andrücken. Kandierte Fruchtstücke als Augen einsetzen.

ORNAMENTE SPRITZEN

1. Eine Vorlage von einem Bild abpausen und unter eine starke Klarsichtfolie legen. Die durchschimmernden Konturen mit temperierter Kuvertüre nachspritzen. Anziehen lassen.

2. Die zweite Sorte Kuvertüre temperieren und die Freiräume in dem Ornament damit auslassen. Anziehen lassen. Das Ornament vorsichtig stürzen und die Folie abziehen.

PRALINENKAPSELN AUSLASSEN

Die Aluminiumkapseln mit temperierter Kuvertüre füllen. Nach ca. 1 Minute auf ein Überziehgitter stürzen. 2-3 Minuten später zurückdrehen. Die Kuvertüre, die in dieser Zeit erstarrt ist, bleibt am Kapselrand haften.

Tip: Trüffel können statt in Alukapseln auch in Schoko-Hohlkugeln hergestellt werden. Diese werden mit Kuvertüre verschlossen und überzogen. Anschließend auf dem Überziehgitter hin und herrollen.

SPRITZEN EINES NAMENS AUF MARZIPANSCHILDER

Einen Namenszug oder Text auf Papier entwerfen. Die Vorlage auf das Marzipanschild (ca. 3 mm dick) legen und die Linien durchdrücken. Mit temperierter Kuvertüre nachspritzen.

PRALINEN UND PETIT

FOURS

PISTAZIEN-GRAND MARNIER-PRALINEN

Auch die Confiserie hat ihre Poesie – die Pralinen. Verlockende Märchen, Engelzungen, Lust und Laster zugleich. Die Versuchung im nebenstehenden Rezept beginnt marzipanweiß und endet schokoladenschwarz. Sich ihrer Bedeutung bewußt, trägt sie eine Pistazien-Krone.

Für ca. 50 Stück

Boden:

120 g Marzipanrohmasse
30 g Puderzucker
50 g Halbbitterkuvertüre

Füllung:

300 g Marzipanrohmasse
75 ml Grand Marnier
45 g gemahlene Pistazien

Zum Überziehen:

300 g Halbbitterkuvertüre

Zum Verzieren:

50 Pistazienhälften

1. Die Marzipanrohmasse mit dem Puderzucker anwirken und auf eine Stärke von 1-2 mm ausrollen. Mit der aufgelösten Kuvertüre bestreichen und anziehen lassen. Umdrehen und 50 runde Pralinenböden mit einem Durchmesser von 2-2,5 cm ausstechen.
2. Alle Zutaten für die Füllung vermengen und glattarbeiten. Die Masse in einen Spritzbeutel mit Lochtülle Nr. 8 geben und kegelförmig auf die Pralinenböden spritzen.
3. Die Kuvertüre zum Überziehen temperieren. Die Pralinen auf eine Pralinengabel setzen und kurz in die Kuvertüre tauchen. Auf einem Überziehgitter oder aber auf Backpapier abtropfen lassen. Bevor die Kuvertüre anzieht, je eine Pistazienhälfte auflegen oder aber mit hellen Kuvertürestrichen verzieren.

WALNUSS-MARZIPAN-PRALINE

Für ca. 60 Stück

Pralinenmasse:

500 g Marzipanrohmasse
90 g gehackte, frische Walnüsse

Zum Überziehen:

500 g Vollmilch- oder Halbbitterkuvertüre

Zum Verzieren:

ca. 60 Walnußhälften

1. Die Marzipanrohmasse mit den feingehackten Walnüssen glattarbeiten. Dabei nicht zu lange kneten. Die Masse 1 cm dick ausrollen.

2. 50 g der Kuvertüre auflösen und mit einem Pinsel auf dem Marzipan verstreichen. Anziehen lassen.

3. Die Marzipanplatte stürzen und mit einem langen Messer erst in Streifen, dann in Rhomben schneiden.

4. Die restliche Kuvertüre temperieren. Die Pralinen mit einer Pralinengabel kurz in die Kuvertüre tauchen und auf einem Überziehgitter abtropfen lassen.

5. Bevor die Kuvertüre anzieht, die Walnußhälften auflegen.

MOKKA-CANACHE-PRALINE

Für ca. 50 Stück

Creme:

150 ml Sahne
60 g Zucker
2 Eigelb (30 g)
2 EL Pulverkaffee (6 g)
360 g Vollmilchkuvertüre

Zum Überziehen:

400 g Vollmilchkuvertüre

1. Die Sahne aufkochen. Zucker und Eigelb verrühren und die Sahne damit unter ständigem Rühren zur Rose abziehen.
2. Den Pulverkaffee untermischen und die im Wasserbad aufgelöste Kuvertüre einrühren.
3. Einen Tortenring (24 cm Ø) auf Backpapier setzen, die Creme einfüllen, glattstreichen und über Nacht kalt stellen.
4. Die Masse aus dem Ring schneiden, stürzen und das Papier abziehen. Mit 50 g aufgelöster Kuvertüre bestreichen. Anziehen lassen und zurückstürzen.
5. Mit einem Ausstecher, der immer wieder in heißes Wasser getaucht wird, Halbmonde ausstechen.
6. Die Pralinen partienweise (immer 4-5 Stück) fertigstellen. Die Kuvertüre zum Überziehen temperieren, die Praline kurz hineintauchen und zum Abtropfen auf ein Überziehgitter oder auf Backpapier setzen. Bevor die Kuvertüre anzieht, eine Pralinengabel leicht aufdrücken und wieder hochziehen. So entsteht eine schöne Verzierung.

PETITS FOURS

Grundrezept Marzipan-Biskuit:

40 g Butter
25 g Mehl Type 550
25 g Weizenstärkemehl
3 Eigelb (70 g)
20 g Marzipanrohmasse
Mark einer ½ Vanilleschote
1 Prise Salz
3 Eiweiß (100 g)
60 g Zucker

1. Die Butter schmelzen. Mehl und Weizenstärkemehl mischen und sieben.
2. Eigelb, Marzipanrohmasse, Vanillemark und Salz schaumig rühren.
3. Eiweiß und Zucker zu cremigem Schnee aufschlagen. Ein Viertel zur Eigelbmasse geben und angleichen. Den Rest zusammen mit dem Mehl-Stärkegemisch melieren. Zum Schluß die abgekühlte Butter unterheben. Die Masse auf ein mit Backpapier ausgelegtes Blech streichen (20 x 40 cm) und im vorgeheizten Ofen bei 190 Grad 7-9 Minuten backen.
4. Die Biskuitplatte auskühlen lassen und in drei gleich große Streifen schneiden.

Grundrezept Marzipanboden:

70 g Marzipanrohmasse
35 g Puderzucker, gesiebt
35 g Vollmilchkuvertüre

1. Marzipanrohmasse und Puderzucker anwirken und auf 1-2 mm ausrollen. Mit der aufgelösten Kuvertüre einstreichen.

NOUGAT PETIT FOUR

Für ca. 10 Stück

1 Streifen Marzipan-Biskuit (s. Grundrezept)
40 ml Sahne
160 g Nußnougat, dunkel
40 g Aprikosenkonfitüre
1 Marzipanboden (s. Grundrezept)

Fondant:

150 g Fondant
5 g Butter
etwas Wasser oder Rum

Garnierung:

30 g Sahnenougat

1. Den Biskuitstreifen dritteln.
2. Die Sahne aufkochen und auf Körpertemperatur abkühlen lassen.
3. Nougat schmelzen und mit der Sahne verrühren. Die Masse auf zwei der Biskuitstücke streichen, etwas anziehen lassen und aufeinandersetzen. Das dritte Stück mit der Unterseite nach oben auflegen und aprikotieren.
4. Den Marzipanboden herstellen, zuschneiden und mit der Marzipanseite auf den Streifen legen. Stürzen, aprikotieren und in Stücke schneiden (2,5 x 2,5 cm).
5. Den Fondant im Wasserbad erwärmen, mit der Butter verrühren und mit Wasser oder Rum verflüssigen.
6. Petits Fours mit Fondant überziehen. Anziehen lassen.
7. Mit temperiertem Sahnenougat kleine Rosetten aufspritzen.

CANACHE PETIT FOUR

Für ca. 20 Stück

Canache:

75 ml Sahne
1 EL Zucker (15 g)
25 g Butter
90 g gehackte Vollmilchkuvertüre
1 Streifen Marzipan-Biskuit (s. Grundrezept)

Zum Bestreichen:

50 g Vollmilchkuvertüre
20 g Aprikosenkonfitüre

Garnierung:

200 g Vollmilchkuvertüre
20 g Haselnüsse

1. Die Canache-Creme am Vortag bereiten. Hierfür Sahne und Zucker aufkochen, den Topf vom Herd nehmen und die Butter einrühren. Die Kuvertüre zugeben und schmelzen lassen. Kalt stellen.
2. Den Biskuitstreifen halbieren. Eine Hälfte mit aufgelöster Kuvertüre bestreichen und anziehen lassen. Umdrehen und aprikotieren. Die zweite Hälfte auflegen und andrücken.
3. Canache aufschlagen und auf das zusammengesetzte Biskuitstück streichen. In Stücke schneiden (2,5 x 2,5 cm) und kühl stellen.
4. Petits Fours mit temperierter Kuvertüre überziehen. Bevor sie anzieht, die Nüsse auflegen.

MARZIPAN PETIT FOUR

Für ca. 10 Stück

1 Streifen Marzipan-Biskuit (s. S.176)
150 g Marzipanrohmasse
35 ml Grand Marnier
40 g Aprikosenkonfitüre
1 Marzipanboden (s. S.176)

Garnierung:

1 Rezept Fondant (s. Nougat Petit Four)
kandierte Ananas

1. Den Biskuitstreifen dritteln.
2. Marzipan und Grand Marnier glattarbeiten. Die Masse auf zwei der Biskuitstücke streichen. Aufeinandersetzen und andrücken. Das dritte Stück mit der Unterseite nach oben auflegen. Aprikotieren.
3. Den Marzipanboden herstellen, zuschneiden und mit der Marzipanseite auf den Streifen legen. Stürzen, aprikotieren und in Stücke schneiden (2,5 x 2,5 cm). Kandierte Ananas auflegen.
4. Petits Fours mit Fondant überziehen.

NUSS PETIT FOUR

Für ca. 40 Stück

Nußteig:

130 g Butter
45 g Zucker
25 g Mehl Type 550
Mark einer ½ Vanilleschote
1 Prise Salz
2 Eier (100 g)
85 g Zucker
35 g gemahlene Nüsse
75 g Mehl Type 550
1 Msp. Backpulver

Zum Belegen:

200 g Marzipanrohmasse
100 g Puderzucker
60 g Aprikosenkonfitüre
50 g Halbbitterkuvertüre

Walnuß-Masse:

135 g Marzipanrohmasse
20 g fein gehackte Walnüsse
30 ml Birnengeist

Nußpan-Masse:

40 g Nußpan (s. S.202)
90 g Johannisbeerkonfitüre
20 g Haferflocken
40 g grob gehackte, geröstete Haselnüsse

Fondant:

(s. Nougat Petit Four, doppeltes Rezept)

Garnierung:

20 Walnußhälften

1. Für den Nußteig Butter, Zucker, Mehl, Vanillemark und Salz kurz cremig schlagen.
2. Eier und Zucker cremig schlagen. Mit der Buttermasse verrühren. Nüsse, Mehl und Backpulver mischen und unterheben.
3. Teig in einem Metallrahmen (11 x 26 cm) im vorgeheizten Ofen bei 160 Grad ca. 30 Minuten backen.
4. Die Marzipanrohmasse mit dem Puderzucker anwirken, 1 mm stark ausrollen (11 x 26 cm) und auf den aprikotierten Nußboden legen. Mit aufgelöster Kuvertüre bestreichen. Das Ganze stürzen, aprikotieren und in 40 Stücke schneiden (2,5 x 2,5 cm).
5. Die jeweiligen Zutaten für die Walnuß- bzw. Nußpanmasse verrühren. Mit einem Spritzbeutel Tupfen auf die Petits Fours spritzen. Die Walnuß-Fours je mit einer halben Nuß belegen.
6. Petits Fours mit Fondant überziehen.

SCHWEIZER FOURS

Für ca. 50 Stück

Förmchen:
ca. 50 Aluminium-Pralinenkapseln

Teig:
175 g Marzipanrohmasse
2 Eier (100 g)
75 g Butter
40 g Zucker
abgeriebene Schale einer unbehandelten Orange
1 Prise Salz
2 TL Grand Marnier (10 ml)
2 EL Mehl Type 550 (20 g)

Sorte 1:
100 g Buttercreme (s. S.202)
1 EL Zitronensaft (15 ml)
2 TL Zucker (10 g)
Garnierung:
gehobelte, geröstete Mandeln

Sorte 2:
100 g Buttercreme (s. S.202)
2 EL Orangensaft (30 ml)
1 TL Zucker (5 g)
Garnierung:
100 g Fondant
5 g Butter
etwas Wasser oder Rum
kandierte Orangenschale

Sorte 3:
100 g Buttercreme (s. S.202)
2 TL Orangenlikör (10 ml)
Garnierung:
100 g Fondant
5 g Butter
etwas Wasser oder Rum
kandierte Ananas

1. Marzipanrohmasse und Eier schaumig rühren.
2. Die restlichen Zutaten, bis auf das Mehl, leicht schaumig schlagen. Ein Drittel zu der Marzipanmasse geben und angleichen. Den Rest zusammen mit dem gesiebten Mehl melieren. Die Masse in einen Spritzbeutel (Lochtülle Nr. 10) geben und die Pralinenkapseln bis knapp unter den Rand füllen. Im vorgeheizten Ofen bei 160 Grad 12-14 Minuten backen.
3. Für die Sorten 1 und 2 jeweils die Zitrussäfte mit dem Zucker auf ⅔ einkochen, abkühlen lassen und unter die Buttercreme rühren. Für die dritte Sorte Schweizer Fours den Likör mit der Buttercreme verrühren.
4. Die verschiedenen Cremes jeweils in einen Spritzbeutel (Lochtülle Nr. 6) füllen und auf jede gebakkene Fourkapsel einen zwiebelturmähnlichen Kegel dressieren.
5. Die Cremekegel der Sorte 1 in den gehobelten, gerösteten Mandeln drehen. Sorten 2 und 3 ca. 2 Stunden kalt stellen.
6. Für die Garnierung der Sorten 2 und 3 den Fondant im Wasserbad erwärmen, mit der Butter verrühren und mit etwas Wasser verflüssigen. Die Cremekegel eintauchen und mit den kandierten Früchten verzieren. Die Schweizer Fours bleiben bis zum Verzehr in den Alukapseln.

Tip: Die Fruchtstücke können auch vor dem Überziehen mit Fondant aufgelegt werden.

Vom französischen Gastrosophen Anthelme Brillat-Savarin, Verfasser der "Physiologie des Geschmacks", stammen viele Zitate. Eins lautet: "Wer hoch hinaus will, braucht lange zum Gipfel". Die Schweizer, natürlich geübt, haben ihn hier gleich dreimal erklommen – Aufstieg zu den Fours ihrer Art.

SAHNETRÜFFEL

Förmchen:

30 Aluminium-Pralinenkapseln
150 g Vollmilchkuvertüre

Trüffelmasse:

100 ml Sahne
Mark einer ¼ Vanilleschote
80 g Butter
160 g gehackte Vollmilchkuvertüre

Zum Schließen:

75 g Vollmilchkuvertüre

Zum Verzieren:

etwas Vollmilchkuvertüre

1. Pralinenkapseln mit Kuvertüre auslassen (s. S. 169).
2. Die Sahne für die Trüfmasse aufkochen. Vanillemark und Butter unterrühren. Die Kuvertüre zugeben und die Masse glattrühren. In die Pralinenkapseln füllen und für 3-4 Stunden kühl stellen.
3. Die Kuvertüre temperieren, in einen Spritzbeutel mit kleiner Lochtülle füllen und die Pralinenkapseln schließen. Anziehen lassen.
4. Mit temperierter Vollmilchkuvertüre ein feinmaschiges Gitter auf die Sahnetrüffel spritzen.

NOUGAT NOBLESSE-TRÜFFEL

Förmchen:

45 Aluminium-Pralinenkapseln
225 g Vollmilchkuvertüre

Trüffelmasse:

150 ml Sahne
40 ml Milch
60 g Butter
Mark einer ½ Vanilleschote
270 g Mandelnougat, dunkel

Zum Schließen:

100 g Vollmilchkuvertüre

Zum Verzieren:

etwas weiße Kuvertüre

1. Pralinenkapseln mit Kuvertüre auslassen (s. S. 169).
2. Sahne und Milch aufkochen. Die Butter darin schmelzen. Vanillemark und gehacktes Mandelnougat unterrühren. Die Trüffelmasse in die Pralinenkapseln füllen und über Nacht kühl stellen.
3. Die Kuvertüre temperieren, in einen Spritzbeutel mit kleiner Lochtülle füllen und die Pralinenkapseln damit schließen. Anziehen lassen.
4. Mit temperierter weißer Kuvertüre Garnierstriche aufspritzen.

Diamant der Küche wird der Trüffel genannt. Damit ist der teuerste Pilz der Welt gemeint. Als zartschmelzendes Konfekt zeigt sich der Trüffel aber nicht weniger edel. Viel Sahne und Butter. Mandelnougat oder Kirschwasser steckt in ihm drin. Noblesse oblige – sein Name verpflichtet.

KAFFEE KIRSCH-TRÜFFEL

Förmchen:

50 Aluminium-Pralinenkapseln
250 g Halbbitterkuvertüre

Sahnefondant:

200 ml Sahne
200 g Zucker
40 ml Glukosesirup
50 ml Milch
2 TL Wasser (10 ml)
2 EL Pulverkaffee (6 g)

Trüffelmasse:

5 TL Milch (25 ml)
30 g Butter
200 g Vollmilchkuvertüre
100 ml Kirschwasser

Zum Schließen:

100 g Halbbitterkuvertüre

Zum Verzieren:

etwas Vollmilchkuvertüre

1. Pralinenkapseln mit Kuvertüre auslassen (s. S. 169).

2. Für den Fondant Sahne und Zucker unter Rühren aufkochen und bei mittlerer Hitze auf 109 Grad Celsius (Zuckerthermometer) bringen. Glukosesirup zugeben und auf 114 Grad Celsius erhitzen. Bei erreichter Temperatur den Topf kurz in kaltes Wasser stellen, um die Masse abzuschrecken. Den Fondant zum Auskühlen auf ein Blech mit Rand gießen.

3. Den Fondant im Wasserbad auf ca. 30 Grad erwärmen. Die Milch erhitzen, mit dem Wasser sowie Pulverkaffee vermischen und unter den Fondant rühren. Die Pralinenkapseln zu einem Drittel füllen. Kühl stellen.

4. Für die Trüffelmasse die Butter in der erhitzten Milch schmelzen. Den Topf von der Platte nehmen und die gehackte Kuvertüre in der Masse auflösen. Das Kirschwasser nach und nach langsam unterrühren. Die abgekühlte Masse auf den angezogenen Fondant gießen. Über Nacht kühl stellen.

5. Die Kuvertüre temperieren, in einen Spritzbeutel (kleine Lochtülle) füllen und die Pralinenkapseln damit schließen.

6. Die Trüffel mit aufgelöster Vollmilchkuvertüre stricheln.

Tip: Kirschwasser durch Irish Whiskey und Halbbitter- durch Vollmilchkuvertüre ersetzen. Gibt himmlische Irish Coffee-Trüffel.

EISBERG-SPITZEN

Für ca. 50 Stück
(Foto oben)

125 g weiße Schokolade
75 g Butter
75 g Puderzucker
8 EL trockener Sekt
abgeriebene Schale einer halben unbehandelten Zitrone
Saft einer halben Zitrone
70 g Puderzucker
80 g Marzipanrohmasse

Glasur:
400 g weiße Kuvertüre

Zum Verzieren:
1–2 EL gehackte Pistazienkerne

1. Die Schokolade zerkleinern, im heißen Wasserbad schmelzen.
2. Butter und Puderzucker mit den Schneebesen eines elektrischen Handrührgerätes schaumig schlagen.
3. Unter ständigem Rühren lauwarme Schokolade, Sekt, Zitronenschale und -saft dazugeben und so lange schaumig schlagen, bis eine spritzfähige Masse entsteht.
4. In einen Spritzbeutel mit mittlerer Lochtülle füllen und beiseite legen.
5. Den gesiebten Puderzucker mit der Marzipanrohmasse verkneten, zwischen zwei Blatt Klarsichtfolie legen und ca. 3 mm dünn ausrollen.
6. Die Folie abziehen, aus dem Marzipanteig Kreise von 2,5 bis 3 cm Durchmesser ausstechen und auf ein mit Pergamentpapier ausgelegtes Tablett legen.
7. Die Masse aus dem Spritzbeutel auf die Marzipankreise spritzen und alles kühl stellen.
8. Für die Glasur die Kuvertüre schmelzen und temperieren.
9. Die kalten Eisbergspitzen auf einen Gitterrost setzen und eine flache Schale zum Auffangen der Kuvertüre darunterstellen.
10. Die Kuvertüre mit Hilfe eines Eßlöffels über die Eisbergspitzen geben und gut ablaufen lassen.
11. Mit den Pistazien bestreuen.
12. Kühl aufbewahren und bald verzehren.

MOKKATRÜFFEL

Für ein Blech, 16 x 25 cm groß, 3 cm Randhöhe
(Foto unten links)

¼ l süße Sahne
2 EL Instant Espressopulver
225 g Butter
225 g geraspelte Halbbitterschokolade
4 EL Mokkalikör

Zum Bestreuen:
120 g Kakaopulver

Zum Verzieren:
50 g Vollmilchkuvertüre
30–40 Schokoladen-Mokkabohnen

1. Sahne, Espressopulver und Butter in einem Topf aufkochen.
2. Beiseite stellen, Schokolade und Mokkalikör zugeben und so lange vorsichtig rühren, bis die Schokolade vollständig geschmolzen ist.

3. Das Blech mit Backpapier auslegen und die Schokoladen-Mokka-Mischung durch ein Sieb daraufgießen.
4. Für etwa 5 – 6 Stunden in ein Gefriergerät stellen.
5. Die Arbeitsfläche großzügig mit der Hälfte des Kakaopulvers bestreuen und die Trüffelmasse daraufstürzen.
6. Das Backpapier abziehen und die Oberfläche der gefrorenen Trüffelmasse mit dem übrigen Kakao überpudern.
7. Nun 30 – 40 gleich große Quadrate aus der Trüffelmasse schneiden.
8. Die einzelnen Trüffelwürfel rundherum in dem Kakao wenden und den überschüssigen Kakao gut abschütteln.
9. Auf ein Tablett legen.
10. Zum Verzieren die Kuvertüre schmelzen, temperieren und in ein kleines Pergamentpapiertütchen geben.
11. Eine winzige Spitze von dem Tütchen abschneiden und auf die Mitte jedes Trüffelwürfels einen Tupfer Kuvertüre spritzen.
12. Je eine Schokoladen-Mokkabohne daraufsetzen. Abgedeckt und kühl aufbewahren.

RUMPRALINEN

Für ca. 80 Stück
(Foto unten rechts)

Pralinenmasse:
100 g süße Sahne
4 EL Rum
75 g Butter
2 Eigelb
300 g Bitterkuvertüre

Glasur:
ca. 300 g Bitter- oder Vollmilchkuvertüre

Zum Verzieren:
verschiedene kleine Nüsse, kandierte Früchte oder Schokolade

1. Sahne und Rum in einem kleinen Topf erhitzen. Kurz vor dem Kochen vom Herd nehmen, die Butter zugeben und unter Rühren darin schmelzen lassen.
2. Nebenbei die kleingeschnittene Kuvertüre vorsichtig im Wasserbad schmelzen lassen.
3. Unter ständigem Rühren nach und nach das Eigelb und die geschmolzene Kuvertüre in die heiße Sahne-Butter-Mischung geben.
4. Ein 25 x 18 cm großes Blech mit 2 cm hohem Rand mit Klarsichtfolie auslegen, die Pralinenmasse daraufgeben und mit Folie abdecken.
5. Etwa 24 Stunden kühl stellen.
6. Stürzen, die Folie vorsichtig abziehen und ca. 80 kleine Rechtecke aus der festen Pralinenmasse schneiden.
7. Für die Glasur die Kuvertüre schmelzen, temperieren und die Pralinen damit überziehen: auf eine Gabel oder Pralinengabel setzen und in die Kuvertüre tauchen. Danach zum Trocknen auf Backpapier setzen.
8. Bevor die Kuvertüre ganz trocken ist, kann man die Pralinen mit Nüssen und kandierten Fruchtstücken verzieren.
9. Die Pralinen bis zum Verzehr in Papierpralinenförmchen setzen. Kühl aufbewahren.
Tip: Zwei Riegel (40 g) weiße oder dunkle Schokolade im Wasserbad schmelzen, ein bis zwei Tropfen Wasser zugeben und glattrühren. Die Masse in ein Pergamentpapiertütchen füllen, eine winzige Spitze davon abschneiden und die Pralinen mit feinen Ornamenten verzieren.

NOUGATRINGE

Für ca. 40 Stück

Teig:

100 g Mehl
40 g Puderzucker
2 TL Vanillezucker
abgeriebene Schale einer unbehandelten Orange
eine Prise Salz
2 Eigelb
60 g Butter
etwas Mehl zum Ausrollen

Nougatcreme:

120 g abgezogene, grob gehackte Haselnüsse
160 g weiche Butter
360 g weicher, dunkler Mandelnougat
abgeriebene Schale einer unbehandelten Orange

Glasur:

ca. 500 g Vollmilchkuvertüre

Zum Verzieren:

40 g weiße Schokolade
1–2 Tropfen Wasser

1. Mehl, gesiebten Puderzucker, Vanillezucker, Orangenschale und eine Prise Salz in eine Schüssel geben.
2. Eine Vertiefung in die Mitte drücken und das Eigelb hineingeben.
3. Die Butter in Flöckchen auf den Rand setzen und alles mit den Knethaken eines elektrischen Handrührgerätes zu einem glatten Teig verkneten.
4. Für 2 Stunden in den Kühlschrank stellen.
5. Den gekühlten Teig auf einer mit Mehl bestäubten Arbeitsfläche 2 mm dünn ausrollen; Kreise von 5 cm Durchmesser ausstechen.
6. Aus der Kreismitte einen kleinen Kreis von 2,5 cm Durchmesser ausstechen, so daß Ringe entstehen.
7. Die Teigreste immer wieder zusammenkneten, ausrollen und Kreise ausstechen, bis der Teig verbraucht ist.
8. Ein Backblech mit Backpapier auslegen und die Teigringe vorsichtig daraufsetzen.
9. Im vorgeheizten Backofen bei 200 Grad ca. 10 Minuten backen.

10. Die Gebäckringe auskühlen lassen.
11. Für die Nougatcreme die Haselnüsse in einer heißen Pfanne hellbraun anrösten, beiseite stellen.
12. Butter, Mandelnougat und Orangenschale mit den Schneebesen eines elektrischen Handrührgerätes schaumig schlagen, bis eine spritzfähige Masse entstanden ist.
13. In einen Spritzbeutel mit kleiner Lochtülle geben und eine Nougatbordüre auf die Gebäckringe spritzen.
14. Die abgekühlten Haselnüsse darüberstreuen, leicht andrücken und alles kühl stellen.
15. Für die Glasur die Kuvertüre schmelzen, temperieren und die Nougatringe damit gleichmäßig überziehen. Oder die Ringe mit Hilfe einer Pralinengabel hineintauchen.
16. Gut abtropfen lassen und zum Trocknen auf Pergamentpapier legen.
17. Die weiße Schokolade im warmen Wasserbad schmelzen, mit Wasser glattrühren und in ein kleines Pergamentpapiertütchen füllen.
18. Eine winzige Spitze davon abschneiden und die Nougatringe mit feinen weißen Schokoladenlinien verzieren.
19. Abgedeckt im Kühlschrank aufbewahren.

KOLUMBIANER

Für ca. 25 Förmchen von 50 mm Durchmesser und 15 mm Höhe (Foto unten, links)

Teig:
90 g Butter
40 g Puderzucker
1 TL Vanillezucker
2 Eigelb
20 g Kakaopulver
1 EL Rum
1 EL Instant-Espressopulver
2 Eiweiß
40 g Zucker
50 g Mehl
20 g flüssige Butter für die Förmchen
eine Prise Salz

Glasur:
150 g Fondant
ca. 1 EL starker Espresso (für beides ersatzweise 150 g Puderzucker mit ca. 2 EL starkem Espresso verrühren)

Zum Verzieren:
25 Schokoladen-Mokkabohnen
20 g Bitterschokolade

1. Butter, Puder- und Vanillezucker sowie eine Prise Salz mit den Schneebesen eines elektrischen Handrührgerätes schaumig schlagen.
2. Das Eigelb unterschlagen, Kakaopulver, Rum und Espressopulver untermischen.
3. Das Eiweiß mit den gesäuberten Schneebesen steif schlagen, den Zucker dabei einrieseln lassen.
4. Den Eischnee und das Mehl vorsichtig unter den Teig heben.
5. Die Förmchen mit der flüssigen Butter ausstreichen.
6. Den Teig in einen Spritzbeutel mit mittlerer Lochtülle füllen und die Förmchen zu zwei Drittel damit ausspritzen.
7. Im vorgeheizten Backofen bei 200 Grad ca. 12 – 15 Minuten backen.
8. Den Fondant für die Glasur im Wasserbad lauwarm werden lassen und mit dem Espresso glattrühren.
9. Die Kolumbianer auskühlen lassen und aus den Förmchen nehmen.
10. Die obere Seite der Kolumbianer in die Glasur tauchen.
11. Die Schokoladen-Mokkabohnen in die Mitte auf die noch weiche Glasur setzen und trocknen lassen.
12. Zum Verzieren die Bitterschokolade zerkleinern und im warmen Wasserbad schmelzen lassen.
13. Mit 1 – 2 Tropfen Wasser glattrühren.
14. In ein kleines Pergamentpapiertütchen füllen.
15. Ein winziges Loch in die Tütenspitze schneiden und feine Schokoladenlinien auf die Kolumbianer spritzen.
16. Sobald Glasur und Verzierung trocken sind, werden die Kolumbianer mit Folie abgedeckt, damit sie nicht austrocknen.

FESTLICHES BUFFET

- FRANZÖSISCHE WALNUSSTORTE
- ZITRONEN-ECLAIRS
- FLORENTINER
- PETITS FOURS
- SCHWEIZER FOURS
- NOUGAT PRALINE

  PISTAZIEN-GRAND MARNIER-PRALINE

  SAHNETRÜFFEL
- CARACAS-TORTE

Nur der erste Buchstabe fehlt. Sonst zeigt dieses Buffet das hohe Alphabet der Konditoren-Kunst. Vom B(aumkuchen) bis zum Z(itronen Eclair). Festliches, Feines, Raffiniertes, Kapriziöses und eine Pyramide mal nicht für Pharaonen.

- FRÜCHTEOMELETTES
- OBSTTORTE
- OBST-TORTELETTS
- CROQUEMBOUCHE
- NOUGATSTREIFEN
- BAUMKUCHENTORTE
- ORANGEN-ROSETTENTORTE
- VANILLESCHNITTE
- JOHANNISBEER-MASCARPONE-TORTE

ZITRONEN-ECLAIR

Für ca. 12 Stück

Brandmasse:

180 ml Milch
50 g Butter
1 Prise Salz
100 g Mehl
3 Eier (180 g)

Glasur:

100 g Aprikosenkonfitüre
150 g Fondant
30 g Butter

Zitronensahne:

4 Blatt Gelatine
60 ml frischer Zitronensaft incl. der abgeriebenen unbehandelten Zitronenschale
80 g Zucker
300 ml Sahne

1. Milch, Butter und Salz aufkochen, von der Herdplatte nehmen und das gesiebte Mehl mit einem Holzlöffel einrühren. Wieder auf die Platte stellen und die Masse abbrennen, bis sie sich vom Topf löst. Die Brandmasse auskühlen lassen. Dann nach und nach die Eier einarbeiten.

2. 12 Windbeutel auf Backpapier spritzen (Sterntülle Nr. 12) und im vorgeheizten Ofen bei 200 Grad ca. 20 Minuten backen. Anschließend in der Mitte durchschneiden und auskühlen lassen.

3. Die Windbeuteloberteile aprikotieren. Den Fondant erwärmen (30 Grad) und die Butter darin auflösen. Auf die Aprikotierung streichen.

4. Die Gelatine einweichen. Zitronensaft und Zucker erwärmen, die aufgelöste Gelatine zugeben und unterrühren. Die Masse mit einem Fünftel der cremig aufgeschlagenen Sahne angleichen. Die restliche Sahne unterheben.

5. Die unteren Hälften der Windbeutel mit der Zitronensahne füllen und die glasierten Oberteile aufsetzen.

NOUGATSTREIFEN

Wiener Boden:

30 g Butter
60 g Mehl Type 550
70 g Weizenstärkemehl
2 Eier (150 g)
120 g Zucker
1 Prise Salz

Buttercreme:

2 Eier (125 g)
100 g feiner Zucker
1 Prise Salz
250 g Süßrahmbutter
100 g Nußnougat, dunkel

Zum Eindecken:

150 g Marzipanrohmasse
50 g Puderzucker

1. Nach Anleitung auf Seite 94 einen Wiener Boden von 30 x 21 cm backen. In drei Streifen von 7 x 30 cm schneiden.

2. Die Buttercreme bereiten (s. S. 202). Nougat im Wasserbad auf ca. 26 Grad erwärmen und mit einem Fünftel der Buttercreme angleichen. Restliche Buttercreme untermengen.

3. Einen Kuchenstreifen mit einem Viertel der Creme bestreichen, den zweiten Streifen auflegen und ebenfalls mit einem Viertel Creme bestreichen. Den letzten Streifen auflegen und die so gefüllte Schnitte 1 Stunde kühl stellen.

4. Die Schnitte längs vor sich hinstellen und mit einem großen Messer schräg von den rechten oberen zu den linken unteren Ecken durchschneiden. Eine Kuchenhälfte auf die schmale Seite stellen und mit der Hälfte der restlichen Creme einstreichen. Die zweite Kuchenhälfte auf ihrer Schmalseite so ansetzen, daß die dreieckige Form entsteht. Die Ränder dünn mit Buttercreme bestreichen.

5. Das mit Puderzucker angewirkte Marzipan 2 mm dick ausrollen und den Streifen damit eindecken.

6. Mit der restlichen Creme quer Linien über den Streifen dressieren.

7. Der Nougatstreifen kann mit Mürbeteigherzen und Kuvertüreornamenten (s. S.169) verziert werden.

KLEINE FLORENTINER

Für ca. 30 Stück

Hippenmasse:

20 g Marzipanrohmasse
2 EL Puderzucker, gesiebt (20 g)
2 TL Mehl Type 550 (6 g)
2 TL Milch (10 ml)
¼ Eiweiß (8 g)

Florentinermasse:

30 g Butter
2 EL Zucker (30 g)
1 EL Sahne (15 ml)
10 g Honig
10 g Succade
10 g Orangeat
20 g gehackte Mandeln
20 g gehobelte Mandeln

Zum Bestreichen:

200 g Halbbitterkuvertüre

1. Am Vortag für die Hippenmasse Marzipanrohmasse, Puderzucker und Mehl glattarbeiten. Milch und Eiweiß nach und nach zugeben. Dabei nicht schaumig rühren. Über Nacht ruhen lassen.

2. Hippenmasse auf ein mit Backpapier ausgelegtes Blech streichen (15 x 30 cm) und im vorgeheizten Ofen bei 160 Grad 3-4 Minuten hell anbacken.

3. Für die Florentinermasse alle Zutaten, bis auf die Mandeln, aufkochen und unter Rühren zwei Minuten kochen lassen. Die Mandeln untermischen und noch heiß vorsichtig auf die Hippenmasse streichen. Dabei einen Rand von 1 cm lassen, da die Masse verläuft. Bei 160 Grad weitere 10 Minuten backen. Noch heiß in Rechtecke (3 x 5 cm) schneiden und vom Papier lösen.

4. Die erkalteten Florentiner auf der Unterseite mit temperierter Kuvertüre bestreichen.

CROQUEMBOUCHE

Brandmasse:

180 ml Milch
50 g Butter
1 Prise Salz
100 g Mehl
3 Eier (180 g)

Cremefüllung:

1 großes Ei (80 g)
65 g feiner Zucker
1 Prise Salz
170 g Süßrahmbutter
100 ml Sahne
2 TL Kirschwasser (10 ml)

Zum Bestreichen:

30 g Aprikosenkonfitüre

Spinnzucker:

250 g Zucker
100 ml Wasser

1. Die Brandmasse, wie auf Seite 30 beschrieben, herstellen, in einen Spritzbeutel mit Sterntülle Nr. 4 geben und 24 kleine Windbeutel (Durchmesser knapp 3 cm) auf ein mit Backpapier ausgelegtes Blech spritzen. Im vorgeheizten Ofen bei 200 Grad ca. 20 Minuten backen. Anschließend sofort von jedem Windbeutel einen Deckel abschneiden.

2. Für die Füllung eine Buttercreme, wie auf Seite 202beschrieben, bereiten. Die Sahne aufschlagen, die Creme nach und nach dazugeben und kurz weiterschlagen. Mit Kirschwasser aromatisieren.

3. Die ausgekühlten Windbeutel mit der Masse füllen und den jeweiligen Deckel auflegen.

4. Die Windbeutel auf einer Servierschale mit der aufgekochten Aprikosenkonfitüre zu einem Turm aufbauen.

5. Für den Spinnzucker Zucker und Wasser bis auf 147 Grad (Zuckerthermometer) erhitzen. Den Topf in kaltem Wasser abschrecken. Sehr vorsichtig arbeiten, da eine Zukkerlösung von 147 Grad schwere Verbrennungen verursachen kann! Eine große Gabel in die Zuckerlösung tauchen und durch schnelles Hin- und Herbewegen den Turm einspinnen.

Tip:
Croquembouche erst kurz vor dem Servieren einspinnen, da die Zuckerfäden sehr schnell die Feuchtigkeit der Luft aufnehmen und zerfallen.

NOUGAT-PRALINE

Für ca. 40 Stück

Masse:

200 g Marzipanrohmasse
200 g Nuß- oder Mandelnougat, dunkel

Zum Überziehen:

300 g Halbbitterkuvertüre

Zum Verzieren:

Wahlweise etwas Vollmilchkuvertüre, halbierte Mandeln oder halbierte Nüsse

1. Die Hälfte der Marzipanrohmasse auf 12 x 15 cm ausrollen. Einen verstellbaren Metallrahmen herumstellen.

2. Nougat auf ca. 25 Grad erwärmen. Mit einer Winkelpalette auf dem Marzipanboden verstreichen. Abgedeckt kurze Zeit kühl stellen. Das Nougat darf noch nicht ganz anziehen.

3. Die zweite Marzipanhälfte ausrollen (12 x 15 cm), in den Metallrahmen einlegen und leicht andrükken.

4. 50 g der Kuvertüre auflösen, auf dem Marzipan verstreichen und anziehen lassen. Das Ganze stürzen und in Pralinen von 1,5 x 3 cm schneiden.

5. Die restliche Kuvertüre temperieren, die Pralinen mit einer Pralinengabel eintauchen und auf einem Überziehgitter abtropfen lassen.

6. Zum Verzieren kurz vor dem Anziehen der Kuvertüre eine Mandel- oder Nußhälfte auflegen; oder aber mit aufgelöster Vollmilchkuvertüre ein „N" aufspritzen.

ELSÄSSER GUGELHUPF

Gugelhupfform: 1,5 l Inhalt

Hefeteig:

250 g Butter
35 g Hefe
50 ml Milch
400 g Mehl Type 550
3 Eier (150 g)
50 g Zucker
1 gestr. TL Salz (5 g)
90 g Rosinen
30 g gehackte Mandeln

Tränke:

50 ml Wasser
60 g Zucker
25 g sehr fein gemahlene Mandeln
abgeriebene Schale einer ¼ unbehandelten Orange

Zum Bestreuen:

20 g gehobelte Mandeln

1. Die Butter schmelzen.
2. Die Hefe in der Milch auflösen. Zusammen mit dem Mehl, den Eiern, Zukker und Salz schnell zu einem Hefeteig verarbeiten. Zum Schluß die abgekühlte Butter einarbeiten und die Rosinen sowie gehackten Mandeln unterkneten. Mit Folie abdecken und für 2 Stunden in den Kühlschrank stellen.
3. Den Teig durchkneten, in eine gefettete Gugelhupfform geben und abgedeckt bei Zimmertemperatur 4-5 Stunden gehen lassen. Im vorgeheizten Ofen bei 190 Grad ca. 40 Minuten backen.
4. Für die Tränke alle Zutaten aufkochen, ca. 5 Minuten köcheln lassen, durch ein feines Sieb streichen und abkühlen lassen.
5. Den Gugelhupf nach dem Backen auf ein Kuchengitter stürzen und die Tränke mit einem Pinsel darauf verteilen. Mit gehobelten Mandeln bestreuen.

An der Diskussion um die Herkunft und die genaue Schreibweise wollen wir uns nicht beteiligen. Da hat der Gugelhupf wichtigere Lektionen zu erteilen – wie die von der richtigen Konsistenz und der Kombination seiner Zutaten. Diese hat sich mit Rosinen und Mandeln in eine unverwechselbare Form gebracht. Wirklich nur am Rande bemerkt: Er soll im Elsaß seinen Ursprung gehabt haben.

LAFERS MOZART-KNÖDEL

Für 6 Portionen

Kartoffelteig:
350 g mehlig kochende Kartoffeln
30 g Butter
150 g Mehl
40 g Hartweizengrieß
2 Eigelb
1 TL Vanillezucker
abgeriebene Schale einer unbehandelten Zitrone
eine Prise Zimt
eine Prise Salz

Marzipanteig:
60 g Pistazienkerne
60 g Puderzucker
150 g Marzipanrohmasse
1 EL Rum

Gefüllte Pflaumen:
50 g Nougat
50 g Kuvertüre
50 g weiche Butter
abgeriebene Schale einer unbehandelten Orange
1 EL Orangensaft
12 entsteinte Backpflaumen

Zum Wälzen:
200 g gemahlene Mandeln

Soße:
100 g Crème double
2 EL Puderzucker
1 EL Rum

Zum Verzieren:
100 g pürierte Himbeeren, durch ein Sieb gestrichen
Pfefferminzblättchen
Puderzucker

1. Die gesäuberten, ungeschälten Kartoffeln in Salzwasser weich kochen, abgießen.
2. Die Kartoffeln pellen, auf ein Backblech legen und im vorgeheizten Backofen bei 200 Grad ca. 10 Minuten trockendämpfen.
3. Die übrigen Zutaten für den Kartoffelteig in eine Schüssel geben, die Kartoffeln mit einer Kartoffelpresse fein zerdrücken oder durch ein Sieb streichen und dazugeben.
4. Einen glatten Teig daraus kneten, in Klarsichtfolie wickeln und im Kühlschrank 1 Stunde ruhen lassen.
5. Die Pistazien für den Marzipanteig fein mahlen.
6. Mit gesiebtem Puderzucker, zerbröckeltem Marzipan und Rum zu einem glatten Teig verkneten. Beiseite stellen.
7. Nougat und Kuvertüre für die gefüllten Pflaumen zerkleinern und im Wasserbad schmelzen.
8. Die Butter schaumig schlagen und die Nougat-Kuvertüre dabei langsam einlaufen lassen.
9. Orangenschale und -saft dazugeben und so lange weiterschlagen, bis eine Creme entsteht.
10. Die Backpflaumen mit einem Kochlöffelstiel vorsichtig aushöhlen.
11. Die Creme in einen Spritzbeutel mit kleiner Lochtülle geben; in die Backpflaumen spritzen.

12. Den Marzipanteig zwischen zwei Blatt Klarsichtfolie legen und ca. 2 mm dünn ausrollen.
13. Die Folie vorsichtig abziehen und 12 gleich große Stücke aus dem Marzipanteig schneiden.
14. Je eine gefüllte Backpflaume damit umhüllen.
15. Den Kartoffelteig mit bemehlten Händen auf einer mit Mehl bestäubten Arbeitsfläche ausrollen und in 12 Stücke schneiden.
16. Die in Marzipan gehüllten Backpflaumen nun darin einschlagen und zu Knödeln formen.
17. Die Knödel in kochendes Salzwasser geben und ca. 10 Minuten darin garziehen lassen.
18. Die gemahlenen Mandeln in einer heißen Pfanne goldbraun rösten.
19. Für die Soße Crème double, gesiebten Puderzucker und Rum miteinander glattrühren.
20. Die Knödel mit einer Schaumkelle aus dem Wasser heben, abtropfen lassen und vorsichtig in den gebräunten Mandeln wälzen.
21. Die Soße gut durchrühren und mit dem Himbeerpüree dekorativ auf sechs Teller verteilen.
22. Je einen ganzen und einen halbierten Knödel darauf anrichten, mit Pfefferminzblättchen und Puderzucker verzieren.

Kartäuserklöße mit Birne und zwei Soßen

- 4 trockene Milchbrötchen
- 1 l Vollmilch
- 200 g Zucker
- ½ TL Zimt
- 2 Eier
- Paniermehl
- 30 g Butter
- 2 große reife Birnen
- ¼ l Vanillesoße (siehe Küchenlexikon)
- 1 Zweig frische Pfefferminze

Für die Karamelsoße:

- 150 g Würfelzucker
- 0,1 l Wasser
- 0,2 l süße Sahne

1. Die trockenen Milchbrötchen rundherum abreiben (Foto 1). Milch mit Zucker und Zimt verrühren.
2. Die abgeriebenen Milchbrötchen ca. 2 Stunden in der Milch einweichen (Foto 2).
3. Vorsichtig ausdrücken, damit sie ihre Form behalten. Zuerst in verquirlten Eiern, dann in dem Paniermehl wälzen (Foto 3).
4. Butter in einer Pfanne zerlassen und die Klöße darin rundherum anbraten (Foto 4).
5. Im vorgeheizten Backofen bei 180 Grad in ca. 15 – 20 Minuten goldbraun backen.
6. Inzwischen die halbierten, entkernten Birnen in einem Dampfdrucktopf 2 Minuten dämpfen oder in wenig Zitronensaft kurz im geschlossenen Topf dünsten.
7. Würfelzucker und Wasser in einen Topf geben, etwas einkochen und goldbraun karamelisieren lassen.
8. Unter Rühren die Sahne dazugießen, dicklich einkochen lassen.
9. Auf jeden Teller etwas Karamel- und Vanillesoße geben. Die Kartäuserklöße aufschneiden, auf die Vanillesoße legen; die Birnenhälften auf die Karamelsoße setzen. Mit Pfefferminzblättchen oder Zitronenmelisse garnieren.

Schokoladen-Walnuß-Flan mit Rumschaum

70 g dunkle Kuvertüre
70 g Puderzucker
70 g weiche Butter
4 Eigelb
1 EL Mehl
70 g gehackte Walnüsse
4 Eiweiß
etwas Butter und Zucker für die Förmchen

Rumschaum:

3 Eigelb
6 EL Rotwein (Frühburgunder)
2 EL Rum
1 EL Zucker

1. Die Kuvertüre zerkleinern und in einem warmen Wasserbad vorsichtig schmelzen lassen.
2. Die Hälfte des Puderzuckers mit der Butter und dem Eigelb schaumig rühren.
3. Die aufgelöste Kuvertüre unter ständigem Rühren untermischen.
4. Das Mehl und die Nüsse unterheben.
5. Das Eiweiß steif schlagen, dabei den übrigen gesiebten Puderzucker einstreuen.
6. Vier Portionsförmchen buttern, mit Zucker ausstreuen und die Schokoladen-Walnuß-Masse einfüllen.
7. Die Förmchen in ein heißes Wasserbad stellen, im vorgeheizten Backofen bei 180 Grad 20 – 25 Minuten garen.
8. Alle Zutaten für den Rumschaum in einem heißen, nicht kochenden Wasserbad schaumig aufschlagen, bis die Masse dicklich wird.
9. Die Förmchen aus dem Wasserbad nehmen, den Schokoladen-Walnuß-Flan auf Teller stürzen.
10. Den Rumschaum darübergießen. Nach Belieben mit Walnüssen und frischen Pfefferminzblättern garnieren.

Auflauf von eingelegten Kirschen

Für 6 Personen:

Eingelegte Kirschen:

50 g Zucker
5 EL Kirsch- oder Obstessig
0,1 l Orangensaft
0,1 l Portwein
Saft einer Zitrone
Schale je einer unbehandelten Zitrone und Orange; in feine Streifen geschnitten
500 g entsteinte Kirschen
2 EL Orangenmarmelade

Auflaufmasse:

100 g Puderzucker
50 g gemahlene Mandeln
20 g Mehl
3 Eigelb
3 Eier
3 Eiweiß
etwas Butter für die Förmchen
etwas frische Pfefferminze

Zimtschaum:

4 Eigelb
1 EL Zimt
4 EL Mandellikör
3 EL Wasser
1 Zimtstange
20 g Zucker
20 g Butter

1. Die eingelegten Kirschen möglichst schon am Vortag zubereiten: Den Zucker in einem Topf erhitzen, bis er schmilzt und zu bräunen beginnt.
2. Mit dem Essig ablöschen und so lange rühren, bis der Zucker völlig aufgelöst ist.
3. Orangensaft, Portwein, Zitronensaft sowie Zitronen- und Orangenschalenstreifen zugeben.
4. Aufkochen lassen und die Kirschen in den Sud geben.
5. Eine Minute ziehen lassen, dann die Kirschen in ein Sieb zum Abtropfen geben; den Sud dabei auffangen.
6. Den Sud zurück in den Topf geben und einkochen lassen.
7. Die Orangenmarmelade unterrühren, so daß eine sämige Bindung entsteht.
8. Die Kirschen wieder zugeben, eine Minute erhitzen, in einer Schüssel abkühlen lassen.
9. Für den Auflauf Puderzucker, Mandeln und Mehl mischen.
10. Eigelb und Eier zugeben und alles miteinander schaumig schlagen.
11. Das Eiweiß steif schlagen und unter die Auflaufmasse heben.
12. Die Kirschen gut abtropfen lassen.
13. Portionsförmchen buttern und abwechselnd die Auflaufmasse und die Kirschen hineinfüllen.
14. Mit der Auflaufmasse abschließen.
15. Im vorgeheizten Backofen bei 220 Grad in einem Wasserbad ca. 15 Minuten backen.
16. Die übrigen Kirschen in dem Kirschsud erwärmen.
17. Für den Zimtschaum Eigelb mit Zimt und Mandellikör verrühren.
18. Wasser, Zimtstange und Zucker in einem kleinen Topf erhitzen, kurz durchkochen lassen und durch ein Sieb gießen.
19. Unter ständigem Rühren zur Eigelbmasse geben und die Soße in einem heißen, nicht kochenden Wasserbad schaumig aufschlagen.
20. Danach die Butter flöckchenweise unterschlagen.
21. Jeweils auf einer Tellerhälfte den Zimtschaum, auf der anderen die erwärmten Kirschen anrichten.
22. Den Kirschauflauf stürzen und in die Mitte auf die Teller geben. Mit einigen Pfefferminzblättchen garnieren.

mit Zimtschaum

Schokoladenpastete mit Aprikosensoße

120 g Schokoladen-kuvertüre
100 g Butter
110 g Puderzucker
5 Eigelb
½ Vanillestange
4 Eiweiß
50 g Mehl
120 g sehr fein gemahlene Mandeln

Für die Füllung:
300 g Schokoladen-kuvertüre
0,2 l Läuterzucker (siehe Küchenlexikon)
0,1 l Aprikosenlikör
einige Spritzer Weinbrand
½ Glas Aprikosen-konfitüre
etwas Kakao

1. Die Kuvertüre im heißen, nicht kochenden Wasserbad schmelzen.
2. Die Butter mit 40 g Puderzucker und dem Eigelb schaumig schlagen.
3. Die Vanillestange längs aufschlitzen, das Mark herausschaben. Das Vanillemark und die lauwarme Kuvertüre unter die Eigelb-Butter-Masse rühren.
4. Eiweiß steif schlagen. Vorsichtig zusammen mit dem gesiebten Mehl und dem übrigen Puderzucker sowie den gemahlenen Mandeln unter den Schokoladenteig heben.
5. In eine ausgebutterte rechteckige oder quadratische Kastenform füllen.

6. Im vorgeheizten Backofen bei 160–180 Grad je nach Höhe der Form ca. 40–60 Minuten backen.
7. Den Kuchen in der Form möglichst einen Tag ruhen lassen (Foto 1).
8. Kuvertüre im heißen, nicht kochenden Wasserbad schmelzen lassen. Mit Läuterzucker, Likör und Weinbrand verrühren.
9. Kuchen stürzen und in 5–6 dünne Platten schneiden; eine Schicht mit Konfitüre bestreichen (Foto 2) und in die Form legen.
10. Eine Kuchenplatte auf die Konfitüre setzen, mit der Schokoladenmasse bestreichen (Foto 3).
11. Übrige Kuchenplatten abwechselnd mit Konfitüre und Schokoladenmasse darüberschichten. Die letzte Platte nicht bestreichen.
12. Alles mit einem Brettchen beschweren und ca. 2 Stunden lang im Kühlschrank durchziehen lassen.
13. Schokoladenpastete stürzen, mit Kakao überpudern und in Scheiben schneiden. Eventuell mit feinen Streifen einer unbehandelten Orangenschale und Minzblättchen anrichten (Foto 4). Dazu eine Aprikosensoße (siehe Küchenlexikon) servieren.

GRUNDMASSEN

VANILLE-CREME

Menge: ca. 500 g

260 ml Milch
100 ml Sahne
50 g Zucker
1 Prise Salz
½ Vanilleschote
1 großes Eigelb (25 g)
65 ml Milch
25 g Weizenstärkemehl

Für die Vanillecreme Milch, Sahne, Zucker, Salz und die halbe Vanilleschote auf ca. 60 Grad erhitzen. Die Vanilleschote herausnehmen, das Mark auskratzen und in die Milch zurückgeben. Aufkochen lassen, von der Platte nehmen und unter Rühren mit der verquirlten Eigelb-Milch-Stärkemischung zur Creme abbinden. Unter Rühren nochmals kurz erhitzen, bis zu dem Punkt, wo sich durch Pusten auf dem Kochlöffel eine Art Rose zeigt. Topf sofort von der Herdplatte nehmen, damit das Eigelb nicht gerinnt. Die Creme in eine kalte Schüssel umfüllen (s. Phasenfotos).

BUTTER-CREME

Menge: ca. 1000 g

4 Eier (250 g)
200 g feiner Zucker
2 Prisen Salz
510 g Süßrahmbutter

1. Eier, Zucker und Salz warm aufschlagen. Wenn die Masse etwa Körpertemperatur erreicht hat, aus dem Wasserbad nehmen und kaltschlagen.
2. Die zimmerwarme Butter so lange schlagen, bis sie weiß und sahnig ist (ca. 15 Minuten).
3. Die Butter mit der Eimasse angleichen und melieren.

NUSSPAN

Menge: ca. 150 g

80 g Nüsse mit Haut
40 g Puderzucker
20 ml Rum
20 ml Wasser

Die Nüsse fein mahlen und mit dem Puderzucker mischen. Mit den Knethaken des elektrischen Handrührgerätes Wasser und Rum unterrühren. Kalt stellen und fest werden lassen. Die Konsistenz soll geschmeidig, aber nicht flüssig sein.

BUTTER-MÜRBETEIG

Menge: 200 g

60 g Butter
3 EL Puderzucker (30 g)
1 Prise Salz
Mark einer ½ Vanilleschote
1 Eigelb (18 g)
90 g Mehl Type 550 oder 1050

1. Für den Buttermürbeteig alle Zutaten, bis auf das Mehl, zu einem glatten Teig verkneten. Dann das Mehl vorsichtig unterarbeiten.
2. Den Teig in Folie wickeln und kalt stellen; am besten über Nacht, denn dann läßt er sich besser weiterverarbeiten.
3. Den Buttermürbeteig ca. 3 mm dick ausrollen. Mit einem Springformrand oder Tortenring einen Boden von 26 cm Durchmesser ausstechen. In eine mit Backpapier ausgelegte Springform geben und, damit er keine Blasen schlägt, mehrfach mit einer Gabel einstechen.
4. Im vorgeheizten Ofen bei 160 Grad ca. 20 Minuten backen.

BLÄTTERTEIG

250 g Mehl Type 550
250 g Süßrahmbutter
135 ml Wasser
1 Prise Salz

Für den Blätterteig das Mehl sieben, die eiskalte Butter in Würfel schneiden und mit dem Mehl vermengen. Das Wasser mit dem Salz zugeben und einen Teig erstellen, in dem die Butterwürfel noch nicht ganz zerstört sind. *Etwas Mehl auf den Tisch sieben und den Teig darauf zu einer Platte von 1 cm Stärke ausrollen. Die Seitenlängen verhalten sich 2:1 zueinander. Das überschüssige Mehl sowohl vom Teig als auch vom Tisch abfegen. Die halbe Teigfläche sehr sparsam mit kaltem Wasser bepinseln und den Teig der Länge nach zusammenklappen. Wieder anfeuchten und ein Viertel der Platte zur Mitte hin umklappen. Mit dem letzten Viertel ebenso verfahren. Die beiden Doppelseiten werden angefeuchtet und aufeinandergelegt. Der Blätterteig hat nun vier Schichten. Er wird mit Folie abgedeckt und für ca. eine halbe Stunde kühl gestellt.* Der zwischen den Sternchen beschriebene Vorgang wiederholt sich dreimal. Ist der Teig erst für den nächsten Tag gedacht, darf er nur dreimal „getourt" werden. Das letzte Mal erledigt man kurz vor Gebrauch. Beim Ausrollen des Blätterteiges müssen Sie unbedingt darauf achten, daß

- der Arbeitstisch kalt ist
- Sie mit Wasser und Streumehl sparsam umgehen, aber nicht weniger nehmen, als unbedingt nötig
- Sie mit dem Rollholz nie über den Rand hinausrollen, sondern ½ cm davor aufhören. Sie schieben den Teig, den Sie für die Erstellung einer Ecke oder eines geraden Randes an jener Stelle gebrauchen, mit dem Rollholz nur aus der Teigmitte dorthin.

WIENER BODEN

50 g Butter
100 g Mehl Type 550
110 g Weizenstärkemehl
4 Eier (250 g)
180 g Zucker
1 Prise Salz

1. Die Butter zerlassen, Mehl und Weizenstärkemehl mischen und sieben.
2. Eier, Zucker und Salz unter Rühren im Wasserbad auf Körpertemperatur bringen, herausnehmen und weiter schaumig schlagen.
3. Das Mehl-Stärkegemisch vorsichtig unter die Eimasse melieren.
4. Zum Schluß die abgekühlte Butter unterziehen.
5. Die Masse in eine mit Backpapier ausgelegte Springform füllen und im vorgeheizten Ofen bei 170 Grad 25-30 Minuten backen.
6. In der Form auskühlen lassen.

HERSTELLEN EINER MARZIPAN-KAKAO-SANDMASSE

1. Für die Herstellung einer glatten Ausgangsmasse ist es wichtig, daß beim Verkneten von Marzipanrohmasse mit Eigelb das Eigelb nach und nach zugegeben wird.

2. Die Masse anschließend mit den Schneebesen eines elektrischen Handrührgerätes schaumig rühren.

3. Eiweiß und Zucker zu einem cremigen Schnee aufschlagen. Fingerprobe: man taucht den Finger in das Eiweiß und hält ihn dann nach oben. Neigt sich die Eiweißspitze leicht nach unten, ist das Eiweiß richtig aufgeschlagen.

4. Ein Drittel des Eischnees mit der Marzipan-Eigelbmasse angleichen.

5. Mehl und Kakao mischen, sieben und zusammen mit dem restlichen Eischnee melieren.

6. Erst ganz zum Schluß wird die aufgelöste, aber bereits abgekühlte Butter vorsichtig untergehoben.

1
2
3
4
5
6
7
8
9
10
11
12

WIE SIE FONDANT AM BESTEN ZUBEREITEN

Als Fondant bezeichnet man eine zartschmelzende Zuckermasse, Grundlage für verschiedene Konfektarten oder reine Zuckerglasur. Fondant kann man schmelzen, formen, färben und aromatisieren.
Die Herstellung von Fondant bedarf größter Sorgfalt und ist, wie auf den Phasenfotos erkennbar, recht mühsam.
Zuerst muß ein Zuckersirup gekocht werden, dem Traubenzucker zugefügt wird. Dieser verhindert eine zu große Zuckerkristallbildung beim Abkühlen des Sirups.
Unentbehrlich beim Kochen des Sirups ist ein Thermometer, das Temperaturen über 100 Grad anzeigt. Denn wie weich oder hart Zuckersirup beim Abkühlen wird, hängt von der Kochtemperatur ab. Je höher die Temperatur, um so härter das Ergebnis.
Ein guter Fondant muß geschmeidig sein, deshalb darf der Zuckersirup nur bis zu einer Temperatur zwischen 112 und 116 Grad Celsius erhitzt werden.
Beim Abkühlen und Bearbeiten der Sirupmasse sollte man immer gleichmäßige Schleifen (Achten) ziehen, so daß sich sehr feine Kristalle bilden können.
Nach dem Kneten muß der Fondant im Kühlschrank ruhen. In dieser Zeit verändert sich die Kristallstruktur langsam, so daß eine elastische Zuckermasse entsteht.
Soll die Masse längere Zeit aufbewahrt werden, füllt man sie in verschließbare Gläser. So bleibt der Fondant fast unbegrenzt haltbar.
Geschmolzen wird Fondant im Wasserbad, indem man die Masse unter ständigem Rühren erwärmt. Falls der Fondant für eine Glasur zu dick ist, verdünnt man ihn mit etwas heißem Wasser, Fruchtsaft oder Likör. Wichtig ist auch hier die Temperaturkontrolle. Fondant, der über 66 Grad erhitzt wird, bröckelt beim Trocknen.
Für alle, die diese aufwendige Zubereitungsart scheuen, der Hinweis: Es gibt Fondant auch in guter Qualität fertig zu kaufen. Ersatzweise kann man gesiebten Puderzucker mit Wasser, Saft oder Likör zu einer dikken Masse verrühren.

HERSTELLUNG VON FONDANT

1. 1 kg Zucker, 0,3 l Wasser und 4 EL Traubenzucker in einen Topf geben. Unter ständigem Rühren auflösen, und die Zuckerkristalle mit einem nassen Küchenpinsel vom Topfrand entfernen.
2. Ein Zuckerthermometer in den Topf stellen und den Sirup so lange stark kochen lassen, bis 113 Grad erreicht sind.
3. Den Topf vom Herd nehmen, und den Topfboden ganz kurz in eiskaltem Wasser abkühlen, um den Kochvorgang zu stoppen.
4. 1 EL Zuckersirup in eine Schale mit eiskaltem Wasser geben. Mit den Händen einen Zukkerball formen.
5. Nimmt man den Zukkerball aus dem Wasser, muß er sofort seine runde Form verlieren und weich werden. Der Fachmann nennt das den weichen Ballgrad.
6. Den heißen Zuckersirup auf ein mit Wasser besprühtes Backblech oder auf eine Marmorplatte gießen. Etwas abkühlen lassen.
7. Den Sirup am Rand mit einem nassen Metallspachtel anheben und nach innen umschlagen. Diesen Vorgang so oft wiederholen, bis der Zuckersirup zähflüssig wird.
8. Diese Masse nun so lange mit einem angefeuchteten Holzspatel bearbeiten, bis sie eine milchige Farbe bekommt. Dabei mit dem Spatel Achten ziehen.
9. Nach ca. 5 Minuten beginnt die Masse fest zu werden.
10. Nach etwa 8 – 10 Minuten bildet sich eine weiße, harte, bröckelige Fondantmasse. Diese Masse mit angefeuchteten Händen kräftig durchkneten.
11. Etwa 5 – 8 Minuten weiterkneten, bis der Fondant feucht, glänzend-glatt und klümpchenfrei geworden ist.
12. Den Fondant zu einer Kugel formen, auf einen mit Wasser benetzten Teller legen und mit einem feuchten Tuch abdecken. Etwa 8 – 12 Stunden kühl stellen.

1

2

3

4

5

6

WAS SIE ÜBER KUVERTÜRE WISSEN SOLLTEN

Kuvertüre ist eine besonders reine Schokolade mit einem sehr hohen Anteil an Kakaobutter. Sie eignet sich ideal als Glasur oder Verzierung von Gebäck und Pralinen, weil sie zart und klümpchenfrei schmilzt. Allerdings erfordert der Umgang mit Kuvertüre ein gewisses Geschick, denn sie ist sehr temperaturempfindlich. Zuverlässig vor Überhitzung beim Schmelzen schützt ein Joghurtthermometer, das im Haushaltswarengeschäft erhältlich ist. Kuvertüre darf nur im ca. 50 Grad (Celsius) warmen Wasserbad erhitzt werden. Eine zu hohe Temperatur beeinträchtigt ihren Geschmack. Außerdem bilden sich beim Festwerden von überhitzter Kuvertüre graue Streifen auf der Oberfläche. Damit die Schokoladenglasur glatt und glänzend gelingt, sollte die Kuvertüre so temperiert werden, wie es anhand der Phasenfotos beschrieben ist. Während die temperierte Kuvertüre verarbeitet wird, stellt man sie am besten in ein handwarmes Wasserbad, damit sie nicht zu fest wird. Übriggebliebene Kuvertüre kann im Kühlschrank aufbewahrt und wieder verwendet werden. Überwiegend ist Bitter-, Halbbitter- und Vollmilchkuvertüre im Handel, seltener weiße Kuvertüre.
Ersatzweise kann man auch eine fertig gekaufte Schokoladen-Fettglasur anstelle von Kuvertüre verwenden. Allerdings nicht für Rezepte, die geriebene oder geraspelte Kuvertüre verlangen.

KUVERTÜRE TEMPERIEREN

1. Die Kuvertüre mit einem großen Messer zerkleinern, damit sie sich gleichmäßig im Wasserbad auflöst.
2. Die Hälfte der Kuvertüre in einer Schale im ca. 50 Grad heißen Wasserbad unter Rühren auflösen. Aus dem Wasserbad nehmen.
3. Die übrige Kuvertüre zugeben und so lange rühren, bis sie sich in der geschmolzenen Kuvertüre aufgelöst hat.
4. Die Kuvertüre kurz kühl stellen oder auf eine Marmor- oder Servierplatte laufen lassen. So lange mit einer Palette hin- und herstreichen, bis sie leicht bindet und cremig wird.
5. Die cremige Kuvertüre langsam in einem mäßig warmen Wasserbad auf maximal 32 Grad erwärmen. Dabei ständig die Temperatur kontrollieren.
6. Probe: Einen Löffel kurz in die Kuvertüre tauchen. Nach etwa 2 Minuten soll sie fest sein und glänzen.

1
2
3
4
5
6
7
8
9
10
11
12
13
14

WOMIT GEWÜRZT WIRD

1. PIMENT
Auch Allzweckgewürz, weil es ein bißchen nach Gewürznelken, Pfeffer, Muskat und Zimt riecht. Unerläßlich für die Weihnachtsbäckerei.

2. KARDAMOM
Fruchtkapseln einer Ingwerpflanze, auch Kardamomen genannt. Die kleinen Samen werden aus dem Inneren der dreigeteilten Kapseln gelöst, gemahlen oder in einem Mörser zerstoßen. Kardamom riecht und schmeckt feurig würzig, hebt und verfeinert das Aroma anderer Gewürze. Bei der Weihnachtsbäckerei unerläßlich für Stollen, Lebkuchen, Pfeffernüsse und Konfekt.

3. STERNANIS
Bräunliche, rosettenartige, sternförmige Früchte mit braunen, glänzenden Samenkörnern. Sternanis duftet wie Anis, ist jedoch feuriger und aromatischer im Geschmack. Zum Würzen von Gebäck werden die Samenkörner aus den Sternkammern gelöst und mit einem Mörser zerstoßen.

KORIANDER
(ohne Foto)
Angenehm mild aromatisches Gewürz mit anisartigem Duft. Bei der Weihnachtsbäckerei verwendet man gemahlenen Koriander für Lebkuchen, Pfefferkuchen, Spekulatius, Honigkuchen und andere würzige Gebäcksorten.

4. VANILLE
Auch Vanillestange; Fruchtschote einer tropischen Orchideenart. Bekannteste Sorte: Bourbon-Vanille. Man verwendet das herausgekratzte Mark, das im Teig oder in der Creme durch winzige schwarze Pünktchen zu erkennen ist – das Erkennungszeichen für echte Vanille. Das Ersatzprodukt Vanillin wird künstlich hergestellt.

5. ZIMT
Auch Canehl genannt, ist die getrocknete Innenrinde des Zimtbaumes. Die dünne, hellbraune Sorte hat einen süßlichen, die dunklere einen kräftigeren Geschmack. Gemahlener Zimt ist ein ideales Mischgewürz für Lebkuchen, Honig- und Gewürzkuchen.

6. ZITRONAT UND ORANGEAT
In hochprozentiger Zuckerlösung konservierte Schalen spezieller unreifer Zitronen- und Orangensorten. Erhältlich als große, mit Zuckerglasur überzogene Stücke und unglasiert gewürfelt (Sukkade). Die großen Schalen ergeben mehr Aroma, da sie erst beim Zubereiten zerkleinert werden. Zitronat und Orangeat sind unerläßliche Gewürze für aromatisches, saftiges Weihnachtsgebäck wie zum Beispiel Stollen.

7. GEWÜRZNELKEN
Getrocknete Blütenknospen des Gewürznelkenbaumes. Sie schmekken feurig scharf und würzen stark. Besonders die gemahlenen Gewürznelken müssen sehr sparsam dosiert werden. Sie passen zu fast jedem Weihnachtsgebäck.

8. INGWER
Südostasiatische Pflanzenwurzel mit intensivem, fruchtig scharfem Aroma. Frisch oder getrocknet, in Sirup eingelegt, gemahlen oder kandiert erhältlich. Für Lebkuchen und würzige Gebäcksorten.

9. MUSKATBLÜTE
Auch Macis genannt, ist der getrocknete Samenmantel der Muskatnuß. Das orangebräunliche Pulver würzt mild aromatisch und nicht so kräftig wie Muskatnuß.

10. SULTANINEN
Getrocknete kernlose Weinbeeren mit goldgelber bis hellbrauner Farbe. Größer und süßer im Geschmack als Rosinen.

ROSINEN
(ohne Foto)
Getrocknete, leicht säuerliche Weinbeeren mit rötlichbrauner, fast schwarzer Farbe.

KOKOSRASPEL
(ohne Foto)
Fein geraspeltes und getrocknetes Fruchtfleisch der Kokosnuß. Ideal für Makronen und andere Gebäcksorten.

11. MUSKATNUSS
Entwickelt frisch gerieben einen intensiv würzigen, feurigsüßen Geschmack. Für Gewürz- und Lebkuchen und für bestimmte Plätzchen.

12. ANIS
Süßlich herb schmekkendes, aromatisches Gewürz. Anis gibt es als ganze Körner (Anissamen) oder gemahlen zu kaufen. Unerläßlich bei der Zubereitung von Lebkuchen, Honigkuchen, Pfeffernüssen und Gewürzplätzchen.

13. KORINTHEN
Sehr kleine, fast blauschwarze, getrocknete, kernlose Weinbeeren mit ganz zarter Schale und herbsüßem Geschmack.

14. HONIG
Wird unterschieden nach Herkunft, Geruch, Farbe, Geschmack und Zusammensetzung. Honig kristallisiert bei längerer Lagerung. Durch langsames Erwärmen bei milder Hitze wird er wieder geschmeidig. Bei Überhitzen karamelisiert der im Honig enthaltene Zukker. Außerdem verändert sich der Geschmack. Echter deutscher Honig ist erkennbar am Einheitsglas des deutschen Imkerbundes mit Banderole und CMA-Gütezeichen. Wichtige Zutat für Honigkuchen, Lebkuchen und Gebäckfüllungen.

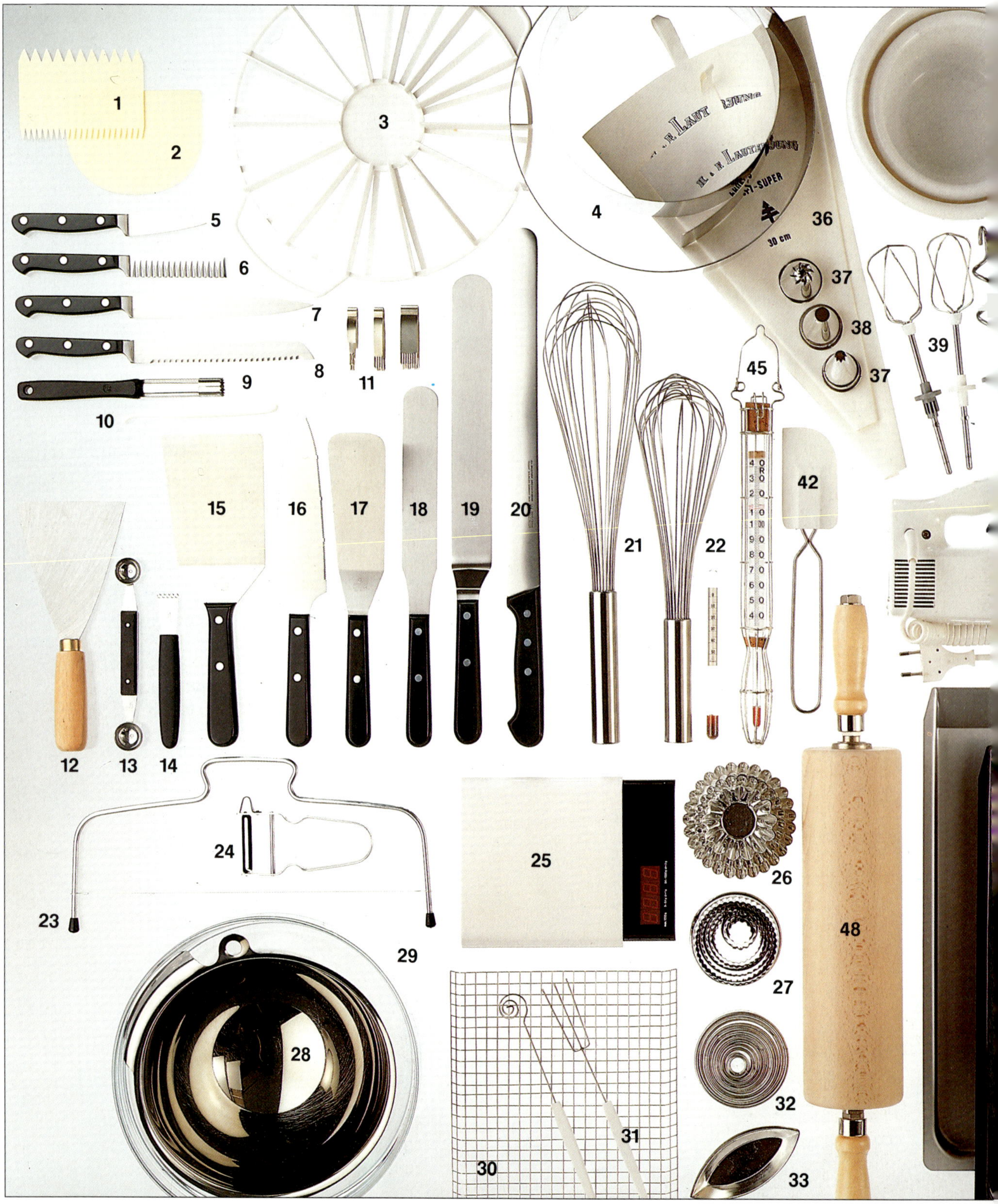
1
2
3
4
36
5
6
7
8
9
10
11
37
38
39
45
15
16
17
18
19
20
21
22
42
12
13
14
24
25
26
23
48
27
29
28
31
32
30
33
30 cm

WOMIT PROFIS BACKEN

1. Kammhorn, zum Garnieren von Tortenüberzügen
2. Hörnchen oder Teigkarte, zum Auskratzen und Glattstreichen von Massen und Cremes
3. Torteneinteiler, eine Seite 14 und eine Seite 16 Stücke
4. Tortenringe, fest und in der Größe verstellbar
5. Spitzmesser, Universalmesser
6. Butter-Ziermesser, auch zum Schneiden von Obst
7. Filiermesser, mit weicher, schlanker Klinge; zur Herstellung von Orangenfilets
8. Kleines Sägemesser, zur Obstverarbeitung
9. Kerngehäuse-Ausstecher
10. Modellierwerkzeug für Marzipan, nur im Fachhandel
11. Marzipankneifer, mit geriefter Arbeitsfläche, nur im Fachhandel
12. Metall- oder Backspachtel, für die Herstellung von Kuvertürespänen
13. Kugelausstecher, für die Herstellung von Melonenbällchen
14. Zestenreißer, für die Herstellung von Zitrusschalenstreifen
15. Breite Palette
16. Tortenmesser, mit Säge und glatter Klinge
17. Winkelpalette, mit stabiler, breiter Klinge
18. Palette mit stabiler Klinge
19. Winkelpalette mit stabiler Klinge
20. Langes Brotschneidemesser (32 cm Klinge), mit und ohne Säge, zum Durchschneiden von Tortenböden
21. Rühr- oder Schneebesen aus Edelstahl
22. Zuckerwaage, zur Bestimmung der Dichte einer Zuckerlösung
23. Schneidegerät, für Wiener oder ähnliche Böden
24. Sparschäler, zum Schälen von Kiwis und Kernobst
25. Digital-Waage, 1-1000 Gramm, batteriebetrieben
26. Brioche-Förmchen für Törtchen
27. gewellte Rundausstecher
28. Edelstahl- oder Cromargankessel mit rundem Boden und Abstellfuß, zum Melieren von Massen und Schlagen von Sahne
29. Glasschüssel, ofenfest
30. Pralinen-Überziehgitter
31. Pralinenbesteck, Rundgabel für Trüffel, 3-Zack zum Überziehen von Pralinen sowie zum Garnieren der Kuvertüre
32. Rundausstecher
33. Tortelett-Schiffchen
34. Schüsseln aus Kunststoff
35. Cromargan-Schüsseln
36. Spritzbeutel in fester Qualität und mindestens zwei Größen
37. Satz Sterntüllen aus Edelstahl, Größe 1-12
38. Satz Lochtüllen aus Edelstahl, Größe 00-16
39. Schneebesen
40. Knethaken
41. Metallsieb mit feiner Porung
42. Teigschaber oder Gummispatel, zum Melieren kleiner Massen, zum Ausleeren von Schüsseln
43. Elektrisches Handrührgerät
44. Casserole mit schwerem Kupferboden
45. Zuckerthermometer mit Gradzahl in Reaumur und Celsius (Umrechnung von C nach Reaumur: 100° C: 5 x 4 = 80° R)
46. Backblech aus Weißblech
47. Backblech aus Schwarzblech
48. Rollholz aus Holz, mit Kugellagerung
49. Backpinsel in zwei Größen
50. Cromargan-Backform für Obsttorten

* Gugelhupfform, auch Pufferform genannt
* Kastenform
* Charlotte-Förmchen
* Savarin-Form
* Springform
* Variabler Metallrahmen, eckig
* Aluminium-Pralinenkapseln
* Kuchengitter
* Tortenscheibe
* Meßbecher
* Haushaltsfolien
* Backpapier

LEXIKON

ABBRENNEN

auch abrösten. Einen Teig (Brandteig) so lange bei mittlerer Hitze rühren, bis die Masse einen Kloß bildet, sich vom Topfrand löst und der Topfboden von einem weißen Film überzogen ist.

AGAR-AGAR

ist ein pflanzliches Geliermittel, das aus Algen hergestellt wird. Seine Gelierkraft ist um ein Vielfaches größer, als die von Gelatine. Agar-Agar wird in verschiedenen Formen angeboten: als Stangen, vierkantige Stücke, Blätter, Körner, Flocken und Pulver. Alle sind in der Dosierung und Zubereitungsweise unterschiedlich, deshalb immer die Angaben auf der Packung berücksichtigen. Agar-Agar wird erst beim Abkühlen fest!

ANGELIKA

Kandierte, das heißt mit hochprozentiger Zuckerlösung konservierte, grüne Blattstiele der Engelwurz. Angelika verwendet man gewürfelt oder in Scheiben geschnitten als Gebäckdekoration.

ANGLEICHEN

Will man zwei in ihrer Konsistenz oder Temperatur verschiedene Massen mit bestem Ergebnis mischen, so gleicht man an. Dabei wird die eine Masse mit nur einem kleinen Teil der zweiten Masse verrührt und so „angeglichen", bevor man die zweite Masse ganz meliert.

APRIKOSENSOSSE

Ein halbes Glas Aprikosenkonfitüre mit einem Achtelliter Aprikosensaft verrühren, kurz aufkochen lassen und mit Aprikosenlikör sowie einem Spritzer Weinbrand abschmecken.

APRIKOTIEREN

heißt: mit aufgekochter Aprikosenkonfitüre bestreichen.

BACKAROMEN

Konzentrierte Zubereitungen aus Geruchs- und Geschmacksstoffen nennt man Aromen oder Aromastoffe. Neben Rum-Aroma werden auch Vanille- und Zitronen-Aroma sowie Backöle, z.B. Bittermandel, häufig zum Backen verwendet. Zum Aromatisieren von Gebäck und Pralinen. Sehr sparsam dosieren.

BACKBLECH

Es gehört zur Grundausstattung jedes Backofens. Jedes Backblech läßt sich mit extra starker Aluminiumfolie verkleinern: Der erforderlichen Größe entsprechend Ränder aus der Folie falten, am unteren Rand etwa 3-5 cm Folie ungefaltet überstehen lassen und im rechten Winkel abknicken. So auf das Backblech legen, daß der Uberhang auf dem Blech liegt; am Rand umbördeln.

BACKOBLATEN

Hauchdünnes, papierähnliches Gebäck, das ohne Zusatz von Treibmitteln aus Mehl, Eiweiß und Wasser hergestellt wird. Oblaten sind geschmacksneutral und zergehen auf der Zunge. Sie sind unerläßlich für die Zubereitung von Lebkuchen und Makronen. Oblaten verhindern das Anbrennen sehr süßer und unstabiler Teige auf dem Backblech. Außerdem bleibt das Gebäck länger frisch, da es von der Oblate vor dem Austrocknen geschützt wird.

BACKPAPIER

wird zum Auslegen von Backformen und Blechen benutzt, damit der Teig nicht anklebt. Damit das Backpapier beim Einfüllen oder Aufstreichen des Teiges nicht verrutscht, bietet es sich an, die Form oder das Blech mit Butter zu betupfen, bevor das Papier aufgelegt wird.

BACKTEMPERATUREN

Die in diesem Buch angegebenen Backtemperaturen beziehen sich auf einen konventionellen Elektroherd. Für Umluftherde gilt als Faustregel eine 15 % niedrigere Temperatur. Da aber auch Umluftherde recht unterschiedlich backen können, beachten Sie bitte unbedingt die Herstellerangaben.

BUTTER

Es gibt die milde Süßrahmbutter und die Sauerrahmbutter mit nußartigem Geschmack. Unterschieden werden drei Handelsklassen: Markenbutter, Molkereibutter und Kochbutter.

CANACHE-CREME

eine schmelzende, zarte Creme aus frischer Sahne und Schokolade (französisch: ganache). Die Sahne wird erhitzt, die Schokolade darin geschmolzen und über Nacht kühl gestellt. Anschließend wird die kalte Masse mit einem elektrischen Handrührgerät 10-15 Minuten zu einer dicken, schaumigen Creme aufgeschlagen. Ganz wichtig: Keine ultrahocherhitzte, haltbare Sahne verwenden.

DRESSIEREN

ist das Ausformen von Massen oder Cremes mit einem Spritzbeutel (Dressierbeutel).

EIER

Angeboten werden ausschließlich Eier der Güteklasse ,,A", d.h. frische Eier. Sie werden in verschiedene Gewichtsklassen unterteilt.

Klasse 1: 70 g und mehr	Klasse 5: 50 bis 55 g
Klasse 2: 65 bis 70 g	Klasse 6: 45 bis 50 g
Klasse 3: 60 bis 65 g	Klasse 7: unter 45 g
Klasse 4: 55 bis 60 g	

Bei einem durchschnittlichen Ei von 57 g entfallen ca. 33 g auf das Eiweiß, 18 g auf das Dotter und 6 g auf die Schale. Um in den Rezepten möglichst genaue Mengen anzugeben, werden für Eier, Eiweiß und Eigelb zusätzlich Grammangaben gemacht.

EINSCHUBLEISTEN

Die Höhe des Gebäckes entscheidet über die Einschubleiste. Die Mitte des Gebäcks sollte sich in der Mitte des Backofens befinden, d.h., je flacher das Backgut, um so höher wird es eingeschoben.

FARINZUCKER

auch Brauner Zucker genannt. Farinzucker ist ein gelblichbrauner Zucker, der aus karamelisiertem Zuckersirup hergestellt wird. Durch seinen angenehm malzigen Geschmack eignet er sich ausgezeichnet für die Weihnachtsbäckerei.

FLORENTINERBLECH

Spezielles Backblech mit flachen, kreisrunden Vertiefungen. In gut sortierten Haushaltswarengeschäften erhältlich; mit oder ohne Antihaft-Beschichtung.

GLUKOSESIRUP

ist ein nicht kristallisierender Stärkesirup, der bei der Süßwarenherstellung Verwendung findet. Kann notfalls bei den Trüffelrezepten in diesem Buch 1:1 durch Läuterzucker ersetzt werden. Dann sind die Trüffel allerdings zum baldigen Verzehr bestimmt. Läuterzucker kristallisiert bereits nach wenigen Tagen, was bei Trüffelfüllungen nicht erwünscht ist.

HIRSCHHORNSALZ

Backtriebmittel, das aus den verschiedenen Salzen des Ammoniaks und der Kohlensäure hergestellt wird. Früher wurde es tatsächlich aus Hornabfällen gewonnen.
Das weiße Salz zersetzt sich in kaltem Wasser nicht. Erst durch die Backhitze verwandelt es sich in verschiedene Gase und treibt dadurch das Gebäck auf.
Hirschhornsalz ist nur zur Lockerung von trockenem, würzigem Flachgebäck geeignet, denn in größeren Gebäckstücken kann ein Ammoniakgeschmack zurückbleiben. In Apotheken erhältlich.

LÄUTERZUCKER

500 ml Wasser mit 500 g Zucker aufkochen und so lange köcheln lassen, bis sich der Zucker völlig gelöst hat. Läuterzucker läßt sich gut auf Vorrat herstellen, denn er ist fast unbegrenzt haltbar. Dafür in Flaschen abfüllen und gut verschließen.

MARZIPANROHMASSE

besteht zu zwei Dritteln aus abgezogenen, fein geriebenen Mandeln und einem Drittel Kristallzucker. Aromatisiert wird die Masse mit einigen Tropfen Rosenwasser und einer Spur Bittermandelöl. Zum Ausrollen oder Modellieren von Figuren wird Marzipanrohmasse mit bis zu 50 % Puderzucker angewirkt.

MASCARPONE

ist ein italienischer Frischkäse der Doppelrahmstufe.

MASSANGABEN

In diesem Buch werden folgende Maßangaben verwendet:

g	=	Gramm
ml	=	Milliliter
Msp	=	Messerspitze
EL	=	gestrichener Eßlöffel
TL	=	gestrichener Teelöffel
Prise	=	Die Menge, die sich zwischen zwei Fingerspitzen fassen läßt.

Umrechnungstabelle für Flüssigkeiten:

100 ml = 0,1 l	500 ml = 1/2 l
125 ml = 1/8 l	1000 ml = 1 l
250 ml = 1/4 l	1 ml = 1 g

Richtwerte: Ein normaler, gestrichener Eß- oder Teelöffel enthält:

Lebensmittel	EL	TL
Mehl	10 g	3 g
Weizenstärkemehl	9 g	3 g
Zucker	15 g	5 g
Kakaopulver	6 g	2 g
Puderzucker	10 g	3 g
Milch	15 g	5 g
Honig	20 g	6 g

MELIEREN

heißt: mischen, vermengen, unterrühren.

NOUGAT

Form- und schnittfeste Masse aus gerösteten und gemahlenen Mandeln oder Haselnüssen, die unter anderem mit Zucker, Eiweiß und Honig oder Sirup vermischt werden. Die Farbe des Nougats wird vom Röstgrad der Mandeln oder Haselnüsse bestimmt. Manchmal wird auch Kakaomasse zugesetzt.

ORANGENBLÜTENÖL

auch Orangen-Aroma; Extrakt aus Orangenblüten. In Apotheken erhältlich.
Bei der Gebäck- oder Konfektzubereitung immer vorsichtig dosieren.

PAPIERFÖRMCHEN

Praktische Förmchen verschiedener Größen für kleine Portionskuchen. Das Einfetten entfällt, denn die Papierförmchen lassen sich nach dem Backen problemlos vom Gebäck abziehen. Selbstgemachte Pralinen bewahrt man am besten in speziellen Papierpralinenförmchen auf. Erhältlich in Haushaltwarengeschäften.

PINIENKERNE

Weiße, länglich-ovale Samenkerne der Pinienkiefer. Pinienkerne haben einen mandelähnlichen Geschmack und können deshalb durch Mandeln ersetzt werden.

PISTAZIENKERNE

Längliche, hell- bis dunkelgrüne Samenkerne des Pistazienbaumes. Geschälte und ungesalzene Pistazienkerne sind relativ teuer. Sie werden gern zum Verzieren von Gebäck und Pralinen verwendet.

POTTASCHE

Backtriebmittel, das durch seinen Kohlendioxidgehalt säurehaltige oder säurebildende Teige auflockert und diese beim Backen eher in die Breite als in die Höhe treibt. Die weiße Pottasche wird wie Hirschhornsalz mit etwas Wasser vermischt, damit sie sich im Teig besser verteilt. Ideal für Lebkuchenteige. In Apotheken erhältlich.

ROSE ABZIEHEN

Fachausdruck der Konditoren, der die gewünschte Konsistenz einer Creme beschreibt, deren Bindung auf Eigelb beruht. Das Eigelb wird unter ständigem Rühren bei geringer Hitze oder im Wasserbad in die Flüssigkeit gegeben. Dann taucht man einen Holzlöffel kurz in die Creme und pustet auf die daran haftende Creme. Wenn sie rosettenartig auseinanderfließt und in dieser Form erstarrt, ist die Konsistenz richtig.

SPAGATKRAPFENFORM

Spezielle Form zum Ausbacken (Fritieren) einer Gebäckspezialität aus der Steiermark. Früher, als man diese Form noch nicht kannte, wurde der Teig auf einer Stielwalze mit Hilfe von Küchengarn („Spagat") festgebunden. Daher rühren auch die Einkerbungen auf dem Gebäck. Spagatkrapfenformen sind schwer erhältlich; ersatzweise kann man den Teig mit Einkerbungen versehen und ohne Form ausbacken.

STANNIOLKAPSELN

Kleine Stanniolförmchen mit fein gezacktem Rand. Für Konfekt und kleine Gebäckhappen. In Haushaltswarengeschäften erhältlich.

STOLLENFORM

Spezielle Backform mit oder ohne Deckel für Weihnachtsstollen. Im Fachhandel erhältlich.
Ohne Stollenform muß man den Stollenteig zu einem länglichen Laib formen, diesen in der Mitte längs eindrücken und zu einer Seite hin flachrollen. Die flachgerollte Seite dann über die dicke schlagen und andrücken.

TORTENSCHEIBE

Praktische runde, dünne Scheibe aus Metall oder Kunststoff. Zum Abheben von Kuchen oder Torten vom Blech sowie zum Transportieren empfindlichen Gebäcks. In Haushaltswarenabteilungen und -geschäften erhältlich.

TOUREN

ist das mehrfache Ausrollen und Zusammenlegen von Plunder- oder Blätterteig. Durch das Touren entsteht ein Teig, der sich durch zahlreiche Teig- und Fettschichten auszeichnet. Beim Backen entweicht das im Fett enthaltene Wasser und treibt den Teig Schicht für Schicht zu einem blättrig gelockerten Gebäck in die Höhe.

TROCKENFRÜCHTE

Getrocknete Früchte wie Äpfel, Aprikosen, Feigen, Datteln oder Pflaumen sind süßer und gehaltvoller als frische. Deshalb eignen sie sich besonders gut für die Zubereitung von Gebäck und Desserts. Beim Einkauf möglichst die ungeschwefelten Früchte bevorzugen.

VANILLESOSSE

Einen Viertelliter Vollmilch zusammen mit dem Mark einer Vanilleschote aufkochen lassen. 125 g Zucker und vier Eigelb schaumig rühren. Nach und nach die heiße Vanillemilch unterrühren. Unter ständigem Rühren bis zur Bindung erhitzen, aber nicht kochen, weil sonst das Eigelb gerinnt. Die Soße durch ein feines Sieb gießen und etwas geschlagene Sahne unterheben.

WAAGE

Gerade beim Backen ist es wichtig, daß alles aufs Gramm genau mit einer Waage abgewogen wird. Kein Konditor würde jemals auf den Gedanken kommen, die Zutaten für einen Teig aus dem Handgelenk abzumessen. Und ein Meßbecher allein nützt nicht viel; denn er eignet sich nur zum Abmessen von Flüssigkeiten. Als Raummaß für Mehl und Zucker ist er einfach zu ungenau. Gute Küchenwaagen sind nicht billig. Sie sollen sowohl kleine als auch größere Mengen exakt wiegen, stabil sein und sich nicht von allein verstellen können. Ausgezeichnet bewährt haben sich die neuen Digitalwaagen mit Leuchtanzeige. Sie sind batteriebetrieben und wiegen selbst kleinste Mengen präzise ab.

ZUCKERTHERMOMETER

Profis benutzen ein Spezialthermometer, auf dessen Skala Grad Celsius und Grad Reaumur angegeben sind. Die Thermometerskala muß Einteilungen bis ca. 150 Grad Celsius aufweisen, weil beim Zuckerkochen mit sehr hohen Temperaturen gearbeitet wird.

REZEPT- UND SACHREGISTER

A

Abbrennen 214
Adventsnapfkuchen 128
Adventsstollen, Leichter 125
Agar-Agar 214
Angelika 214
Angleichen 214
Anis 210/211
Anisbögerl 141
Apfellebkuchen-Glöckchen 161
Aprikosen Kopenhagener 109
Aprikosenplätzchen 154
Aprikosensosse 214
Aprikotieren 214
Auflauf von eingelegten Kirschen mit Zimtschaum 198/199

B

Backaromen 214
Backblech 214
Backoblaten 214
Backpapier 214
Backtemperaturen 214
Backutensilien 212/213
Bärentatzen 136/137
Baiserboden 86
Baiserbrösel 64
Baumkuchentorte, Braunschweiger 14
Bernhards Zillertaler Zelten 132/133
Birnen-Riesling-Torte 68/69
Biskuitteig 13/112
Blätterteig 203
Brandmasse 30
Braunschweiger Baumkuchentorte 14
Bunte Knusperschnitten 157
Butter 215
Buttercreme 202
Buttermürbeteig 203

C

Canache-Creme 215
Canache Petit Four 176
Caracas-Torte 20/21
Christas Nußpfennige 145
Cointreau-Trüffel-Torte 74/75
Croquembouche 189

D

Dominosteine 162
Dresdner Stollen 124
Dressieren 215

E

Eier 215
Einschubleisten 215
Eisbergspitzen 182
Eiweißspritzglasur 103
Elisenlebkuchen 160/161
Elsässer Gugelhupf 190/191
Engelsaugen 155
Erdbeer-Sahnetorte 94/95
Erdnußschiffchen 146/147

F

Farinzucker 215
Feigenschäumchen 150
Flacher Zitronenkuchen 28/29
Florentinerblech 215
Fondant 206/207
Französische Walnußtorte 80/81
Früchtekranz 62/63
Früchtekuchen 130/131
Früchteomelettes 44

G

Gefüllte Kokosmakrönchen 159
Genfer Boden 78
Gewürznelken 210/211
Glühwein 152
Glühweindreispitze 152
Glukosesirup 215
Grand Marnier-Marzipan 166
Grapefruittorte 66/67
Gugelhupf, Elsässer 190/191
Guldentaler 148

H

Haselnußtorte, Ullas 129
Hefeteig 38/42
Himbeer-Charlotte 46/47
Himbeer-Sahnetorte 96/97
Hippenröllchen mit Sanddorncreme 114/115
Hirschhornsalz 215
Holländische Kirschtorte 98/99
Honig 210/211
Honigplätzchen 166/167
Hüttenkäsetorte 64/65

I

Indische Herrentorte 13
Ingwer 210/211
Ingwerhäppchen 138
Irish Coffee-Trüffel 181
Irmis Walnußstanitzel 144/145

J

Jamaica-Sahnetorte 80/83
Joghurtstreifen 54/55
Johannisbeer-Mascarpone-Torte 100/101

K

Käsetorte 60/61
Kaffee Kirsch-Trüffel 181
Kaiser-Törtchen 118
Kardamom 210/211
Kartäuserklöße mit Birne und zwei Soßen 194/195
Kirschkompott 99
Kirsch Kopenhagener 109
Kirschtorte 52/53
Kirschtorte, Holländische 98/99
Kleine Florentiner 189
Knusperschnitten, Bunte 157
Kokosraspel 211
Kokosschnitten 158/159
Kolumbianer 185
Kopenhagener 108/109
Koriander 211
Korinthen 210/211
Kürbiskernkuchen 127
Kuvertüre 208/209

L

Läuterzucker 215
Lafers Mozartknödel 192/193
Leichter Adventsstollen 125
Löffelbiskuits 46
Lübecker Nuß-Sahnetorte 88/89

M

Makronen 110
Makronenmasse 68/133
Makronen-Törtchen 118
Mandel-Baiser-Boden 8
Mandelhäufchen 139
Mandelnougat mit gehackten Mandeln 166
Mandel-Schoko-Boden 100/101
Mandel-Schokomousse-Torte 8
Mandelsterne 143
Mango-Buttercreme 19
Marzipan-Biskuit 176
Marzipanboden 176
Marzipan-Elefant 90/103
Marzipankakaoboden 67
Marzipan-Kakao-Sandmasse 13/204/205
Marzipan-Nikolaus 168
Marzipan Petit Four 177
Marzipanrohmasse 216
Marzipan-Sandmasse 12
Marzipan-Schild 169
Mascarpone 216
Maßangaben 216
Melieren 216
Mohn-Makronen-Kuchen 133
Mokka-Canache-Praline 175
Mokkatrüffel 182/183
Montego-Roulade 19
Mozartknödel, Lafers 192/193
Mürbeteig 29
Mürbeteigrand 71
Muskatblüte 210/211
Muskatnuß 210/211
Muttis Spagatkrapfen 151

N

Nougat 216
Nougat Noblesse-Trüffel 180
Nougat Petit Four 176
Nougat-Praline 189
Nougatringe 184/185
Nougatstreifen 188
Nußnougat mit gehackten Nüssen 166
Nuß-Nougattorte, Venezianische 13
Nußpan 202
Nußpan Kopenhagener 109
Nuß Petit Four 177
Nußpfennige, Christas 145
Nuß-Sahnetorte, Lübecker 88/89

O

Obsttorte 40/41
Obst-Torteletts 50/51
Omelettemasse 44
Operaschnitten 112/113
Orangeat 210/211
Orangenblütenöl 216
Orangenkonfekt 162/163
Orangen-Krokant-Schnitten 113
Orangen-Mandel-Törtchen 106/107
Orangen-Rosetten-Torte 48/49

P

Papierförmchen 216
Passionsfruchttorte 56/57
Petit Fours 176/177
Pfeffernüsse 147
Piment 210/211
Pinienkerne 216
Pistazien-Grand Marnier-Pralinen 172/173
Pistazienkerne 216
Pistazienmarzipan 166
Plunderteig 108
Pottasche 216
Pralinentürmchen 164
Preiselbeerkompott 77
Preiselbeer-Vanille-Sahnetorte 76/77
Punschkrapferl 153
Punschringe 42/43

R

Rahmtörtchen 116/117
Rose Abziehen 217
Rosinen 211
Rum-Arrak-Cremetorte 10
Rumpralinen 183
Rumstangen 163

S

Sachertorte 1,2,3,4 16-18
Sahnenougat 167
Sahnetorte Perpignan 86/87
Sahnetorte, Schöppenstedter 80/82
Sahnetrüffel 180
Sandboden 12/86
Sascha 110/111
Sauerrahmtorte 38
Schöppenstedter Sahnetorte 80/82
Schoko-Buttercreme 19
Schokoladen-Katzenzungen 137
Schokoladenpastete mit Aprikosensoße 200/201
Schokoladenschnitte 90/91
Schokoladen-Walnuß-Flan mit Rumschaum 196/197
Schokomousse 8
Schwäbische Apfeltorte 58/59

Schwarzwälder Kirsch-
Buttercreme 19
Schwarzwälder Kirschtorte
84/85
Schweinsöhrchen 120/121
Schweizer Fours 178/179
Senatorentorte 26/27
Spagatkrapfen, Muttis 151
Spagatkrapfenform 217
Spanische Vanilletorte 12
Stanniolkapseln 217
Sternanis 210/211
St.-Honoré-Torte 30/31
Stollen 124-127
Stollenform 217
Sultaninen 210/211

T

Tirami Su 78/79
Tortenscheibe 217
Touren 217
Trockenfrüchte 217
Trüffel-Lukull-Cremetorte
22/23

U

Ullas Haselnußtorte 129

V

Vanille 210/211
Vanillecreme 202
Vanillekipferln 140
Vanille Kopenhagener 109
Vanille-Makronen-Gebäck
149
Vanilleschnitte 24/25
Vanillesosse 217
Vanilletorte, Spanische 12
Venezianische Nuß-
Nougattorte 13
Verlorene Kirschen 115

W

Waage 217
Walnußboden 94
Walnuß-Marzipan-Praline 174
Walnußstanitzel, Irmis
144/145
Walnußtorte, Französische
80/81
Weihnachtsstollen 126/127
Weihnachtstorte 134/135
Weihnachtswolke 156/157
Weinbrandkugeln 165
Wiener Boden 203
Wilhelmine Klöckners
Zimtkarten 142
Williams Christ-Marzipan 166

Z

Zillertaler Zelten, Bernhards
132/133
Zimt 210/211
Zimtkarten, Wilhelmine
Klöckners 142
Zimt-Mandeltorte 12
Zimtsterne 167
Zitronat 210/211
Zitronen-Eclair 188
Zitronenkuchen, Flacher
28/29
Zitronen-Sahnetorte 92/93
Zuckerthermometer 217
Zwetschentorte 45